LES AVENTURES

DE

TÉLAMON.

Ses brillantes qualités lui donnent des ennemis ;
sa valeur et son génie les écrasent.

LES AVENTURES

DE

TÉLAMON,

OU

LES ATHÉNIENS SOUS LA MONARCHIE.

Par Mme. DE RENNEVILLE.

Avec figures.

TOME Ier.

A PARIS,

Chez VILLET, Libraire-Commissionnaire,
rue du Battoir-St.-André, N°. 20.

Et à Verdun, chez VILLET père, Imprimeur-Libraire.

1819.

LES AVENTURES

DE TÉLAMON.

CHAPITRE Iᵉʳ.

Dans les temps appelés héroïques, avant que la Grèce, réunie en république confédérée, devînt le peuple le plus célèbre du monde connu, Athènes se distingua par la sagesse de ses institutions et la douceur de ses mœurs. (1)

Ménès, l'un de ces derniers rois, avait les qualités qui font les héros et les grands hommes. Sa conduite était le résultat des plus beaux et des plus nobles motifs, toujours tendante au bien public, à la gloire du royaume et à la prospérité de son peuple.

Ce grand prince donna à la nation

_____

(1) Thésée a fait ce que j'attribue à Ménès,

grecque une nouvelle existence par la sagesse de ses lois. Il rendit sur les mœurs des ordonnances sévères et sut les faire respecter. Après avoir réuni les habitans de l'Attique épars dans les hameaux et les bourgs, et leur avoir fait goûter les charmes d'un ordre social cimenté par de bonnes institutions, il les convoqua tous. Ce fut la première assemblée de nation, où tous les citoyens, rendus à leur égalité primitive, délibérèrent sur la forme de gouvernement qui leur semblait le meilleur.

Ménès rendit son règne aussi précieux à l'humanité que glorieux pour les Grecs. La nouvelle forme de gouvernement que ce prince établit dans ses Etats, attira à Athènes une foule d'étrangers. Il institua des fêtes religieuses, et renouvela les jeux isthmiques, où les principaux des villes de la Grèce pouvaient seuls avoir place, tant le concours était grand. On les cé-

lébrait avec une grande pompe et beaucoup de magnificence.

Lorsque Ménès eut exécuté ses grands
projets politiques, il remit son autorité entre les mains du peuple, repré-
senté par ses magistrats ; il ne retint
que le titre de roi, le commandement
de l'armée, le pouvoir de maintenir
les lois qu'il respectait lui-même, et
celui de protéger son peuple contre
ceux qui auraient voulu porter atteinte
à sa liberté et à son bonheur.

La gloire d'Athènes, sous ce roi
juste, excita l'envie de ses voisins. Les
Locriens, les Thessaliens, les Phocéens
et autres peuples de la Grèce, prirent
ombrage d'une supériorité qui menaçait leur indépendance. Mais de tous
ceux qu'offusquait le mérite du roi
d'Athènes, Heptapyle fut celui qui fit
paraître le plus de jalousie contre lui,
et qui supportait le moins patiemment
les louanges qu'on lui donnait.

Heptapyle régnait en Béotie. Descendant d'Hercule, il était comme ce demi-dieu vaillant et intrépide. Fier d'habiter Thèbes, ville fameuse par les grands capitaines auxquels elle a donné naissance, et de posséder dans ses Etats *Aulide*, ce port où se rassembla l'armée des Grecs pour la guerre de Troye; *Thespie*, consacrée aux Muses; *Délion*, où le dieu du Jour rendait ses oracles; enfin la *Fontaine d'Hypocrène*, tant chantée par les poètes; Heptapyle crut son honneur intéressé d'arrêter dans sa marche le roi philosophe qui, par l'éclat de son nom, attirait tous les regards et le plongeait lui-même dans l'obscurité. Il résolut de troubler le repos des paisibles habitans de l'Attique, et, par une insultante provocation, de faire passer dans le cœur de Ménès une partie des passions haineuses qui agitaient son sein.

Une légère faute de formes servit de prétexte au roi de Thèbes pour se dire

offensé par les Athéniens et pour demander satisfaction. Ménès joignait à
la plus haute sagesse, les talens et les
vertus militaires ; il répondit à l'agres-
seur en homme persuadé de la justice
de sa cause ; et s'en rapportant aux
Dieux pour le succès, il fit tout disposer pour recevoir l'ennemi conve-
nablement, puis il l'attendit sans rien
craindre.

Plus absolu qu'aucun des rois de la
Grèce, Heptapyle avait déclaré à son
peuple qu'il voulait la guerre ; que la
gloire de la nation l'exigeait ; aussitôt
toute la Béotie avait pris les armes.
Les belliqueux habitans de Chéronée
accoururent ; Platée , Leuctres , ces
deux villes qui devaient un jour figurer
si dignement dans l'histoire, envoyèrent à Thèbes de nombreux bataillons.
Tous, fatigués d'un long repos, brû-
laient de combattre, et ils attendirent
avec impatience le signal du départ.

* * *

CHAPITRE II.

LE bruit de ces grands préparatifs
parvint en Thessalie, où Télamon, le
héros de cette histoire, était alors. Il
est temps de le faire connaître.

Télamon, neveu du roi de Trézènes,
ville du Péloponèse, fut envoyé à
Athènes dès son enfance, avec Celcéus, son frère de lait, pour y recevoir une éducation convenable à son
rang. Ménès, roi d'Athènes, le prit
dans son palais; il lui donna pour gouverneur le sage et sévère *Pyttachus*,
qui voulait *que les dignités ne fussent
accordées qu'aux gens de bien et jamais aux méchans.* Pyttachus inspira
à son élève l'amour de la vertu et
l'horreur du vice, surtout du mensonge;
aussi le jeune prince le regarda toujours
comme un moyen honteux et méprisable d'arriver à ses fins.

Dans ses premières années, Télamon cultiva la grammaire, l'éloquence, la musique et la poésie. Vint ensuite l'é-ducation militaire, la course, le pugilat, la lutte, le disque, le palet, l'art de tirer de l'arc et de lancer le javelot. Il réussit à tout. Celcéus, qui ne le quittait point, se rendit aussi fort habile dans tous les exercices qui demandaient de l'adresse et de la force. Quand ils eurent atteint l'âge fixé par la loi, ils furent inscrits sur le rôle des soldats, et dès-lors dévoués à la défense de l'Etat.

La nourriture du jeune prince, comme celle des autres enfans, n'était que du pain et du cresson ; sa boisson de l'eau pure. Cette vie simple et frugale l'accoutuma de bonne heure à la tempérance et à la sobriété ; elle lui prépara dès ses plus jeunes ans, un corps sain, capable de soutenir les dures fatigues de la guerre.

Les inclinations de Télamon, en-

core enfant, annoncèrent ce qu'il serait un jour; lorsqu'il entendait parler
des belles actions des héros, son imagination s'enflammait; il brûlait de
marcher sur leurs traces et d'arriver à
l'âge où cette brillante carrière lui serait ouverte.

La nature avait favorisé ce prince :
sous le plus aimable extérieur, il était
actif, ardent même, quoique docile,
intrépide jusqu'à la témérité, passionné pour la gloire, franc et loyal,
généreux, humain, sensible, bienveil-
lant, sujet zélé et fidèle. La réunion de
tant de belles qualités le faisait chérir
du roi; il l'aimait comme son propre fils.

Ce jeune homme aurait été parfait,
s'il avait pu réprimer l'impétuosité de
son caractère, cette vivacité irréflé-
chie qui l'entraînait, et cette confiance
en lui-même, fondée sur la pureté de
ses intentions, mais qui, le rendant
sourd aux conseils de la prudence, lui
fit commettre de grandes fautes.

(9)

Lorsque le prince eut fini ses études, il fut à Trézènes, pour voir Pittée, son oncle, roi de cette contrée. Dans sa route, il essaya son bras contre les brigands qui infestaient le pays. Sa renommée l'ayant précédé dans le Péloponèse, Pittée l'accueillit comme un digne rejeton de sa famille et celui qui devait illustrer sa race.

Télamon resta peu de temps à Trézènes ; il désirait se rendre en Thessalie pour y apprendre l'équitation. Les Thessaliens, peuples qui habitaient au nord de la Grèce, près du mont Pélion, avaient trouvé les premiers l'art de dompter les chevaux, et le moyen de s'en servir pour les voitures et pour la guerre : ils excellaient à combattre à cheval. En temps de paix, la jeunesse thessalienne s'exerçait à chasser à cheval ; elle se plaisait aussi à montrer sa force, en jetant par terre un taureau qu'elle prenait par les cornes.

'Arrivé à Larisse, capitale de la Thessalie, Télamon se lia d'amitié avec *Assus*, fils du roi de cet Etat; ils firent ensemble leurs exercices. La sympathie unit leurs cœurs. Ils avaient les mêmes goûts, les mêmes inclinations, et semblaient n'avoir entre eux qu'une seule ame. Les deux princes se jurèrent une amitié éternelle, et leurs vertus furent garantes du traité.

A la nouvelle de la déclaration de guerre, Télamon se sentit animé d'une ardeur inconnue. Oubliant sa grande jeunesse et son inexpérience, il voulut partir, aller combattre les Béotiens, défendre son roi, son bienfaiteur, celui qui lui tenait lieu de père depuis sa tendre enfance, celui enfin à qui il devait le bien qu'on remarquait en lui. Assus, aussi généreux que Télamon, approuva son noble dessein. Les deux amis se séparèrent en pleurant, mais avec l'espérance de se rencontrer un jour dans le chemin de la gloire.

Sans s'arrêter à Athènes, le jeune prince alla droit au camp de Ménès lui offrir ses services. Le roi sourit en voyant l'air fier et martial de Télamon : son attitude guerrière, l'audace de son regard contrastaient avec l'élégance de sa taille et la délicatesse de son teint ; il n'en parut au monarque que plus intéressant. Pour répondre à son désir, Ménès lui donna de l'emploi dans l'armée. Cette seule campagne où le jeune prince fit connaître son intrépide valeur, lui acquit le titre de grand capitaine. Depuis ce temps, les Béotiens ne purent entendre prononcer son nom sans pâlir : son coup d'essai dans les armes leur coûta cher! et leur roi eut à se repentir de son imprudente conduite.

CHAPITRE III.

Heptapyle avait appelé à son secours le roi de la Locride, Ozoles, petit-fils d'Arcan, prince né avec un génie militaire, qui avait rendu son nom célèbre, et donné à son pays un rang distingué dans la Grèce. La Locride s'étendait au-delà et en deçà du mont Parnasse ; les Locriens sortirent de leurs bois, et quittant leurs rochers et leurs marais, ils s'acheminèrent par ce fameux passage, nommé le Pas des Thermopyles, qui offrait à peine la largeur nécessaire pour un charriot, et vinrent grossir l'armée béotienne. Mais ni leur nombre ni leur vaillance ne purent retarder la chute d'Heptapyle : Ménès le défit complètement. Profitant de sa victoire, le roi d'Athènes marcha à Thèbes, assiégea cette ville et s'en rendit maître. Il porta ensuite ses armes à Naupacte , capitale de la Locride, et y entra en triomphe. Après cette juste vengeance , satisfait d'avoir vaincu , Ménès rétablit les rois dans leurs Etats ; il n'exigea d'eux qu'un léger tribut , pour le dédommager des frais de la guerre, et pour servir de frein à leur jalouse ambition.

Deux ans s'étaient à peine écoulés depuis la paix, lorsque Cléopompe , roi de Thessalie , mécontent du secours que Ménès avait donné aux Phocéens, lui déclara la guerre. Ménès s'apprêta à se défendre. L'esprit du soldat était excellent, le peuple adorait son roi : le monarque eut bientôt une armée formidable remplie de bravoure et des munitions de toute espèce ; mais il fonda sur-tout son espérance sur Télamon. Dans la dernière campagne, ce jeune prince avait montré outre la plus haute valeur, une rare fermeté dans le péril, un coup-d'œil sûr , une prévoyance étonnante pour son âge , et une capacité qui ne s'acquiert que par une longue expérience. Ménès lui donna le premier grade après lui dans l'armée. Ce choix fut applaudi généralement, et le soldat, assuré de vaincre, se rangea avec transport sous les drapeaux du jeune et vaillant général.

Aussitôt que la saison le permit, Cléopompe s'avança jusqu'à *Elatée*. Ménès se hâta de l'aller joindre avec l'élite de ses troupes ; il laissa le reste de l'armée sous les ordres de Télamon, qui devait prendre un autre chemin pour tourner l'ennemi et le surprendre s'il était possible. Les Thessaliens firent tant de diligence, que les deux rois se trouvèrent en présence à *Crissa*, éloignée de Delphes de trois lieues et demie. L'armée de Cléopompe se trouvait trois fois plus forte que celle de Ménès. Le roi d'Athènes délibéra avec ses généraux pour savoir s'il accepterait la bataille. Ayant honte de reculer, il se décida pour l'affirmative,

Ménès rangea ses troupes, harangua ses soldats, et, les animant de son courage, il donna le signal de l'attaque.

Le sort trompa la valeur du roi d'Athènes; après avoir fait des actions dignes de passer à la postérité, après avoir vu la terre jonchée des siens morts ou mourans, sa noblesse hachée en pièces autour de lui, et lui-même en danger de périr, il se vit forcé de se rendre. Cléopompe, monarque généreux, le traita avec les égards dus au rang suprême, et il l'emmena à sa cour.

Cependant Télamon approchait. Arrivé à Cyrra, il apprit par les fuyards la défaite de l'armée royale et la prise de Ménès; ce double revers lui fit verser des larmes. Dans sa juste douleur, il immola sans pitié ceux des ennemis qui voulurent s'opposer à son passage.

La prison du roi termina la guerre,

Télamon n'ayant pu obtenir de Cléo=
pompe une entrevue pour traiter de
la rançon de Ménès , retourna à
Athènes , afin de prévenir par la présence des troupes , le mauvais effet
que pouvait produire la captivité du
souverain.

CHAPITRE IV.

Lᴀ défaite de l'armée et la prise du roi causèrent à Athènes une affliction générale. Les habitans de cette grande ville quittèrent leurs maisons ; ils errèrent sans but dans la place publique, le désespoir dans le cœur. A ce premier mouvement, effet de la surprise, succède le désordre : on s'assemble par groupe, tout le monde parle à-la-fois, plusieurs avis sont ouverts, le plus exagéré est celui qu'on adopte ; la voix des magistrats est méconnue : il n'y a plus de subordination ; on crie, on court aux armes sans savoir contre qui il faut les tourner : Athènes est dans le plus grand péril.

Télamon hâtait sa marche pour venir au secours de la ville. Enfin il arrive et se présente à l'assemblée du peuple, avec un visage triste et abattu. Sitôt

qu'il paraît, un profond silence succède au tumulte et à l'agitation. Le
jeune prince voit qu'on s'apprête à
l'entendre, il monte à la tribune, jette
sur les spectateurs un regard de bienveillance, et leur adresse ainsi la parole :

« Athéniens, votre douleur est juste,
je la partage, mais gardez-vous de l'a-
battement ; il vous empêcherait de vous
relever avec gloire, et donnerait à vos
ennemis un trop grand avantage sur
vous. Votre roi est prisonnier, mais
il existe ; il attend sa délivrance de ses
fidèles sujets ; il attend d'eux plus encore, la soumission aux lois et l'attitude calme, imposante, qui convient
au premier peuple de la Grèce. Vos
pertes sont immenses, je l'avoue ; cependant vous pouvez les réparer :
Athènes compte dans ses murs autant
de braves que de citoyens. C'est en
vengeant vos amis, vos frères, que vous
apaiserez leurs mânes, et non par des

plaintes vaines indignes des ames fortes. Que l'amour de la patrie vous donne le courage de surmonter le fatal revers qui vous accable ; soyez plus grands que vos malheurs ; ayez la volonté d'être encore heureux, je vous réponds du succès...... »

A mesure que Télamon parlait, sa belle figure prenait une expression animée, où se peignait à-la-fois la valeur d'un guerrier, le courage d'un héros et tous les nobles sentimens d'un grand cœur. Sa confiance passant dans l'ame des Athéniens, ils l'interrompirent et s'écrièrent tous à-la-fois : « Que Télamon soit toujours notre général ; qu'il commande dans la ville, qu'il nous venge de nos ennemis du dehors, et nous croirons encore au bonheur. » En ce moment, quelques brouillons, envoyés par Mnesthée, ennemi de Télamon, ayant recommencé le bruit, et le prince ne pouvant plus se faire entendre, il retourna dans sa maison au milieu des plus vifs applaudissemens.

Télamon avait cherché à rassurer les Athéniens, tandis que lui-même éprouvait de vives inquiétudes sur leur sort. Il était à craindre que Ménès ne restât long-temps en Thessalie. Cléopompe mettait à sa liberté de dures conditions. Sparte contribuait aussi à le faire retenir hors de ses Etats, par cette politique cruelle dont les petits sont la victime. Avant Ménès, les Grecs n'avaient point de marine militaire. Ce prince, dont le génie contribua à la gloire d'Athènes, voulut en former une; il fit venir de Corinthe des ouvriers habiles qui construisirent des vaisseaux; la Méditerranée vit paraître, comme par enchantement, une flotte capable de porter une grande armée. Sparte, effrayée de cette augmentation de forces qui rendait Athènes redoutable même à ses alliés, engagea Cléopompe à obtenir de Ménès qu'il dé-

truisît la majeure partie de ses vaisseaux.
Cléopompe avait intérêt de maintenir
la puissance d'Athènes, laquelle, en
contrebalançant le pouvoir de Sparte,
laissait parfois respirer ses voisins ; il
promit aux envoyés de Lacédémone
de traiter ce point important avec
Ménès, mais il agit dans cette affaire
avec tant de circonspection et de lenteur, qu'un an se passa sans qu'il y
eût rien de décidé sur cet objet, non
plus que sur la rançon du roi.

Investi du commandement général
des forces militaires, Télamon fit assurer le roi d'Athènes de sa fidélité.
Par le même message, le prince fit
savoir à Cléopompe que, par la faveur du peuple, il était maintenu dans
le grade qu'il devait aux bontés du roi.
Dans la même lettre, Télamon infor-
mait le monarque thessalien du serment qu'il faisait, quelque chose qui
pût arriver, de servir sa patrie et son
roi, sans jamais se laisser aller à des

vues ambitieuses contraires à son devoir. Satisfait des promesses du jeune
prince, Cléopompe dépêcha à Athènes
un seigneur de sa cour, lequel devait
voir secrètement Télamon, et l'instruire des dispositions du roi de Thessalie en faveur des Athéniens : Cléopompe désirait que la connaissance de
ses secrets sentimens ne fût connue
que du prince seul, de crainte d'éveil-
ler la jalousie de Sparte et de compromettre ses intérêts avec le roi d'Athènes.
De son côté, Ménès approuva le choix
du peuple, et donna son agrément au
prince pour continuer à le servir dans
son grade.

CHAPITRE V.

Autorisé par les deux rois, et fort de la droiture de son cœur, Télamon, naturellement hardi, agit à découvert. Il parla au peuple, même au sénat, sans ménagement. Il reprocha à l'un ses vaines frayeurs, son insubordination ; à l'autre sa pusillanimité , son inertie. Après ce coup d'éclat, le jeune prince s'empara des principaux postes ; il mit aux arrêts les plus mutins, et fit si bonne contenance qu'il en imposa aux factieux.

La conduite ferme de Télamon déplut à Mnesthée, riche citoyen d'Athènes, homme ambitieux, qui voulait s'emparer du gouvernement. Tous ses discours tendirent à miner le crédit de son rival : il exagéra sa juste sévérité, blâma son zèle ; rendit suspect son

attachement au roi , à la monarchie :
le prince était, disait-il, un orgueilleux, plein de lui-même, d'un caractère turbulent , qui , sous prétexte
d'ordre , de discipline , introduisait
l'esclavage, la tyrannie. Lorsque Mnesthée parlait au peuple, il lui promettait
l'abolition des dettes , le partage des
terres, l'égalité des rangs et le gouvernement populaire.

L'art perfide que Mnesthée employait pour capter la bienveillance
des Athéniens n'échappa pas à Télamon; il sentit le danger d'avoir à combattre un homme profondément scé-
lérat , capable de sacrifier sa fortune
et même son honneur pour réussir
dans ses projets ; un homme qui , se
formant un parti de tout ce qu'Athènes
avait de plus abject, de plus immoral ,
se rendait véritablement redoutable ,
et faisait trembler le sénat. Pour ne
rien hasarder , il attendit dans le silence que les circonstances lui per-

missent de faire usage des pouvoirs que son roi lui avait délégués.

Cependant Mnesthée ne dissimulait plus. Sous prétexte de la sûreté de la ville, il fit armer la multitude. Le nom sacré de *liberté* électrisant toutes les têtes, ouvrit la porte aux abus les plus révoltans. Les nobles et les riches, qui craignaient les suites de ces convulsions politiques, abandonnèrent Athènes ; ceux qui osèrent rester, enfermés dans leurs maisons, gémirent en secret sur le sort de la royauté : ils frémissaient des maux réservés à la patrie, dont il leur était impossible de prévoir le terme.

La crise que le prince avait prévue arriva. Mnesthée, animant de son esprit infernal la horde de brigands qu'il soudoyait, mit le royaume à deux doigts de sa perte. Ce ne fut dans Athènes que confusion et désordre. Aveuglé sur ses véritables intérêts, le peuple prit pour amour de la liberté ce qui n'était que l'essor violent de la licence et de l'anarchie. Rebelle sans être sage, il ne signala son ardeur que par des excès. L'absence du pouvoir assurait l'impunité. On le vit se livrer sans frein à tous les vices, et sourd à la voix de l'humanité, souiller ses mains dans le sang des plus illustres habitans d'Athènes.

Des maux aussi graves demandaient un remède prompt et efficace. Les principaux citoyens tournèrent les yeux sur Télamon, le seul qui pût, par ses talens et sa fermeté, agir avec succès dans ce moment critique. Ils le trouvèrent disposé à risquer sa vie, s'il le fallait, pour rétablir l'ordre dans la ville, et conserver à Ménès l'autorité légitime et la suprême puissance.

Télamon, réuni au sénat et aux notables, opposa à Mnesthée un parti assez fort pour contrebalancer le sien parmi le peuple. Les désordres cessèrent; le sang cessa de couler. Cependant les factieux s'agitaient dans l'ombre ; les têtes n'étaient point refroidies : les partis renaissaient ; on ne s'accordait sur aucun point ; les uns voulaient la liberté ; d'autres la monarchie. Les jalousies entraînaient la discorde et la division ; la ville était remplie de troubles. Le peuple d'Athènes, inquiet, ombrageux, délicat à se blesser de tout ce qui paraissait sortir de l'égalité, n'écoutait Télamon qu'avec défiance. Sa fermeté le rassurait sans exciter sa reconnaissance ; son amour pour la patrie qui enflammait son zèle et rendait son éloquence vive, entraînante, lui paraissait un acheminement vers la tyrannie. Mnesthée fortifiait les Athéniens dans cette croyance par des discours insidieux et perfides ; il couvrait son excessive ambition du voile du bien public ; tandis que par des menées sourdes, il cherchait à supplanter son rival et à s'emparer du pouvoir. A l'aide de ses grandes richesses, il se fit des partisans et des amis, opposa la force à la force, et s'empara de la citadelle. Télamon l'en chassa, anéantit son armée, et, par cet acte de vigueur il s'en fit un ennemi irréconciliable.

Eclairée par cette démarche de Mnesthée, Athènes apprit à distinguer ses vrais amis d'avec les intrigans qui voulaient l'assujettir. Elle comprit que la véritable liberté est autant opposée à la licence qu'à l'esclavage ; que, si l'édifice du bonheur public repose sur des lois sages, il n'a pas de plus ferme appui que la justice. Dès-lors elle mit toute sa confiance dans ce jeune guerrier, dont les rares vertus l'avaient sauvé du joug honteux de la tyrannie,

CHAPITRE VI.

Mnesthée avait juré dans son cœur la perte de son rival. Pour y parvenir plus sûrement, il résolut de feindre une réconciliation avec lui, et de l'engager par ses conseils à de fausses démarches, en flattant sa passion dominante, l'amour de la gloire.

Celui qui médite une trahison, ne craint pas d'employer la bassesse pour en venir à ses fins ; son ame corrompue lui donne un front qui ne rougit jamais ; il se moque de l'homme délicat et fier ; il en fait sa dupe, et s'applaudit de ses ruses comme d'un triomphe ; il s'inquiète peu s'il marche dans la fange ; pourvu qu'il arrive à son but.

L'artificieux rival de Télamon chercha d'abord à voir les sénateurs, chacun en particulier ; il les gagna par des paroles remplies d'adresse, flattant leur faible avec art, entrant dans leurs vues, adoptant leurs opinions, se pliant à leur caractère, prenant enfin toutes les formes selon qu'il les voyait plus ou moins disposés en sa faveur. Mnesthée affecta sur-tout dans ses discours un ardent amour pour la patrie. Il rejeta ses fautes sur son vif attachement pour ses compatriotes, dont le bonheur excitait, disait-il, toute sa sollicitude. Pour donner une preuve éclatante de son parfait dévouement à la tranquillité publique, il consentit à se réconcilier avec Télamon, afin que tous, magistrats et généraux, travaillassent de concert à ramener l'ordre et le calme dans le royaume. Jusqu'alors, ajoutait Mnesthée avec l'air de la candeur, on l'avait mal connu ; bien loin d'aspirer à la souveraine puissance, il avait craint, pour son pays, l'influence que Télamon exerçait sur l'esprit des Athéniens ; la tête vive de ce jeune homme pouvait l'égarer, et ses

qualités brillantes séduire la multitude :
c'était donc pour opposer une digue
à l'ambition du prince et conserver le
royaume à Ménès qu'il avait pris les
armes.

Ce discours insidieux persuada les
plus crédules et les plus faibles en patriotisme d'entre les sénateurs ; les
autres firent semblant de le croire,
parce qu'ils le craignaient, et qu'ils
désiraient ardemment voir réunis, au
moins en apparence, les deux hommes
du royaume qui pouvaient le plus par
leur haute naissance, leurs richesses
et leurs talens se faire un parti redoutable dans la ville et disputer le trône
à Ménès.

Après avoir préparé les esprits,
Mnesthée parut en plein sénat ; il y fit
un discours éloquent et pathétique,
assura l'assemblée de la pureté de ses
intentions, de son attachement au
souverain, et il se déclara ennemi de
quiconque voudrait usurper le pouvoir.

En sortant de l'aréopage, il harangua le peuple, l'invita à la paix ; puis, suivant le plan qu'il s'était formé, il alla trouver Télamon, auquel il parla avec une franchise apparente, capable de persuader un jeune homme trop grand pour livrer son ame au soupçon. Le prince méprisait l'intrigue ; il servait son pays, son roi en homme d'honneur, et il n'était point en garde contre la perfidie. Sensible à la démarche de Mnesthée, qu'il attribua à de louables motifs, il écouta avec joie sa justification, lui prit la main, le pria d'oublier un temps moins heureux et de lui accorder son amitié. Ils s'embrassèrent. Le reste de l'entretien fut employé à prendre des mesures pour anéantir les factions, faire revivre les lois, tranquilliser les honnêtes citoyens, et conserver à Ménès l'autorité suprême. En finissant cette conversation, ils se rendirent l'un et l'autre au sénat. Télamon fut confirmé dans son grade de général en chef, Mnesthée eut l'administration civile et le maniement des deniers publics. D'après cet accord, Athènes se crut sauvée.

Mnesthée avait réussi au-delà de ses souhaits; sa nouvelle dignité le rendait pour ainsi dire maître du sort de son rival et des Athéniens. Il s'étonna qu'on eût pu lui donner de tels moyens de corruption. Loin d'en savoir gré au peuple, tant d'ineptie et de lâcheté le lui rendirent encore plus méprisable ; il jugea par cette imprudente conduite à quel point on le redoutait ; il en prit plus d'audace, se joua des lois, caressa ceux dont il avait besoin, et s'occupa sur-tout d'éloigner Télamon, le seul qui lui portait encore ombrage. Le hasard favorisa ses vues. A cette époque, on reçut la nouvelle à Athènes que le roi de Béotie et celui de la Locrie refusaient le tribut auquel Ménès vainqueur les avait assujettis. Le sénat voulait qu'on dépêchât vers ces peuples

d'habiles négociateurs, pour leur reprocher leur manque de foi, et les
ramener aux principes de justice qui
devraient gouverner les nations. Mnesthée, au contraire, soutint qu'il fallait
leur déclarer la guerre ; que, sans tar-
der, Télamon devait marcher contre
eux, de peur que trop de faiblesse n'en-
hardît les villes conquises et ne les engageât à secouer le joug et à se rendre
indépendantes. Le peuple, excité sous
main, cria : la guerre ! la guerre ! Télamon, qui brûlait d'acquérir de la
gloire, répéta : la guerre ! la guerre !
C'était où l'attendait son rival. Le sénat se rendit. On envoya un hérault à
Heptapyle et à Ozoles pour leur signi-
fier la volonté d'Athènes, et l'on se
prépara au départ.

CHAPITRE VII.

Pendant que Télamon, tout occupé de la campagne qui allait s'ouvrir, levait des hommes et formait une armée, que tout enfin se disposait pour son départ, un esclave de Stéphanie, veuve d'un des premiers sénateurs d'Athènes, lui remit des tablettes où le prince lut ces mots :

« On tend un piége à votre jeunesse, Télamon ; ayez la force d'y échapper. Je viens d'entendre des choses étranges ! ce secret, que j'ai surpris, m'empêche de vous voir. Restez à Athènes : c'est une amie qui vous le conseille. Que la gloire de vaincre cède à celle de veiller au salut de vos compatriotes. Votre propre intérêt exige de vous ce sacrifice : je dirai plus, l'attachement que vous avez pour votre roi, l'amour de la patrie vous en font un devoir. Au

nom des Dieux, Télamon, ne con-
sommez pas notre perte en courant à
la vôtre!

STÉPHANIE. »

Ce billet, d'une femme sensée et
spirituelle, affecta Télamon. Il lui
prouvait qu'on employait avec lui l'artifice et qu'on cherchait à l'éloigner.
Le conflit des passions contraires qui
agitaient son ame, le fit tomber dans
une rêverie profonde. Laissera-t-il
Athènes à la merci d'un ambitieux, se
demandait-il à lui-même? Répondra-
t-il si mal à la confiance des honnêtes
citoyens qui comptent sur son patriotisme?.... Et cette jeunesse belliqueuse,
prête à marcher sous ses drapeaux,
trompera-t-il son espérance? Il lui a
promis de la guider dans le chemin de
la gloire ; comment s'y prendra-t-il
pour l'inviter au repos ? Reconnaîtra-
t-elle dans ce langage timide le vainqueur de Thèbes, celui de Naupacte?...
Ces peuples, qui ont connu la force de

son bras, et qui bravent aujourd'hui
les Athéniens malheureux, en le voyant
temporiser, croiront qu'il tremble devant eux, parce qu'il n'a plus Ménès
pour appui. A ces considérations se
joignaient les intérêts de la vanité du
jeune prince : il souffrait étrangement
de paraître se dédire à la veille du départ. Ce sentiment l'emporta dans son
ame : la vanité fait faire bien des fautes !
après avoir balancé quelque temps,
Télamon répondit à Stéphanie en ces
termes :

« Le sort en est jeté, belle Stéphanie ;
il est trop tard pour reculer. Athènes
a des magistrats expérimentés, plus
capables que moi de percer les ténèbres
de l'intrigue, d'effrayer les factieux et
de veiller à la sûreté de la ville. Je
pars : je vais faire respecter la puissance d'Athènes au-dehors, demander
raison à ses alliés de leur manque de
foi, battre ses ennemis s'ils osent se
montrer, ou périr en la défendant.

Recevez les hommages respectueux du sensible et reconnaissant

Télamon. »

Au moment même où l'esclave porteur de cette lettre venait de sortir, on annonça ceux des Athéniens que le prince avait nommés pour commander sous ses ordres. Ces guerriers, tout dévoués à leur général, témoignèrent hautement et avec franchise l'estime qu'ils faisaient de son mérite. Télamon put voir à quel point il était chéri des troupes. Dans ces discours dénués d'artifice, les chefs, échos de l'armée, rappelèrent au prince la conduite qu'il avait tenue dans la dernière guerre : si jeune, lui disaient-ils, vous étiez cependant simple et modeste au sein de la victoire ; affable, bon avec vos compatriotes, fier et imposant avec les ennemis. Généreux avec le soldat jusqu'à la prodigalité, vous lui faisiez distribuer le butin, ne vous réservant de la victoire, que l'honneur du triomphe...

Télamon, ému jusqu'aux larmes, arrêta ces élans trop flatteurs ; et, serrant
la main de ses braves amis, il les con-
gédia pour s'occuper sans relâche de
leurs communs intérêts.

Le prince se coucha ayant l'esprit
extrêmement agité. La lettre de Stéphanie et l'enthousiasme des jeunes
Athéniens avaient livré son ame à des
sensations tantôt douloureuses, tantôt
pleines de charmes. Son sommeil s'en
ressentit : des images fantastiques, en
troublant son repos, lui présagèrent
pour la prochaine campagne le sort le
plus funeste.

Pyttachus, gouverneur du prince,
chargé d'années, avait fui la cour et la
ville dans ces derniers troubles ; il vivait à la campagne, libre d'affaires,
tout entier aux sciences qu'il aimait,
attendant avec le calme que donne une
vie sans reproche, le temps marqué
par le maître des Dieux, pour lui faire
rendre à la terre sa dépouille mortelle,

Télamon rêva qu'étant dans un temple, il voyait ce respectable vieillard, debout devant un livre ouvert, posé sur un petit autel ; son visage était abattu ; quelques larmes coulaient le long de ses joues. Télamon s'étant approché pour savoir la cause de son affliction, le vieillard le regarda d'un air triste et attendri, puis il lui montra du doigt quelques lignes du grand-livre. Le jeune homme y ayant jeté les yeux, lut : *Les passions d'un seul homme mettront la patrie en deuil !....* Pendant que le prince lisait, ces caractères prirent une couleur de sang ; puis, l'ange de la mort parut ; il enleva le livre, frappa le vieillard qui tomba sur l'autel, un voile noir le couvrit et tapissa le temple, lequel, en un clin-d'œil, se trouva rempli de tombeaux.

Télamon fut transporté sur un champ de bataille, au milieu d'un grand nombre d'Athéniens blessés et mourans, parmi lesquels le prince reconnut ses meilleurs amis. Comme il cherchait à les secourir : « Retirez-vous, lui dirent-ils, c'est vous qui nous assassinez! » Surpris de ce reproche qu'il ne croyait pas mériter, Télamon allait leur répondre, lorsqu'un spectacle horrible le saisit de terreur et d'épouvante : ces cadavres sanglans se levèrent tous à-la-fois, ils l'entourèrent, l'enveloppèrent; la terre s'entr'ouvrit, et ils le poussèrent avec eux dans l'abîme.

Dans ce moment, le prince se réveilla fatigué, couvert de sueur, et l'ame encore affectée de ce rêve sinistre.

———

CHAPITRE VIII.

Les Grecs reconnaissaient l'influence continue du pouvoir de la Divinité sur les moindres actions des hommes, comme sur les grands événemens qui fixaient la destinée des empires. Elevé dans le respect religieux des oracles, Télamon regardait les songes comme un moyen dont les Dieux se servaient pour se communiquer aux chefs de l'Etat, les instruire et diriger leur conduite ; il craignait en les négligeant de déplaire à l'Etre-Suprême placé au sommet de la hiérarchie des êtres divins.

Télamon fit part de ses scrupules à Celcéus, son frère de lait et son favori. Ce jeune homme, habile courtisan, loin de paraître effrayé des rêves sinistres de son maître, en tira un heureux présage : « Les songes, disait-il, obscurs comme tous les oracles, sont

d'autant plus difficiles à expliquer qu'ils
paraissent plus clairs ; je ne vois de po-
sitifs , mon prince, ajoutait-il , que
votre génie guerrier et vos rares talens.
Croyez-moi, seigneur , continuait-il ,
les Dieux se déclarent toujours pour la
valeur quand elle est jointe à la prudence. On voit en vous la bravoure ,
l'intrépidité d'un héros , la vaste prévoyance et la haute capacité d'un vieux
capitaine ; vous avez une milice réglée,
des chefs entendus , des soldats accou-
tumés à vivre de peu , dont le corps
est endurci au travail, que la lutte et
les autres exercices auxquels ils se li-
vrent rendent adroits ; les soldats athéniens sont si bien disciplinés , si souples
aux ordres de leurs chefs , qu'on croirait qu'ils n'ont tous qu'une même
ame, tant on voit de concert dans leurs
mouvemens ; l'armée enfin, peu nom-
breuse, il est vrai, mais pleine de force
et de courage, adore son général ; elle
met en lui toute sa confiance , et cour-

raît à la mort avec joie pour obtenir un éloge du jeune héros qui la commande. Que d'espoir du succès ! que peut-on redouter avec de telles ressources ? »

Ce discours, tout flatteur qu'il était, ne rassura pas entièrement Télamon. Il voulut consulter les Dieux. Il alla au temple de Jupiter et ordonna des sacrifices. Les entrailles des victimes ayant été interrogées, le grand-prêtre déclara que les immortels désapprouvaient la guerre.

Le prince sortait du temple dans l'intention de proposer au peuple un accommodement avec les Béotiens et les Locriens, quand il fut entouré par ce qu'Athènes avait de plus illustre dans les premières familles du royaume. Cette noble et belle jeunesse salua son chef ; elle exalta sa vaillance : sous son commandement ; disait-elle, les triomphes allaient marquer tous leurs pas ; mais, ajoutaient ces braves gens, quand

un sort contraire devrait trahir le courage des guerriers, la mort même ne
serait pas sans douceur, parce qu'elle
ne serait pas sans gloire.

Tel un jeune cheval qu'on destine à
la course, frappe la terre de son pied,
son œil est en feu, il attend avec impatience le moment où l'on ouvrira la
barrière, pour s'élancer, courir, voler
dans l'arène, et remporter le prix du
vainqueur. Tel était cette jeunesse
athénienne, bouillante d'ardeur et
pressée de courir aux combats.

Télamon sourit de la vivacité de ces
jeunes gens, il fut sensible à leurs éloges
et vit avec plaisir dans leurs transports
de dignes compagnons de ses travaux.
Leur enthousiasme le charma, l'entraîna; il perdit de vue ses sages résolutions, le songe funeste de la nuit,
même le sacrifice, et, tout entier à sa
passion favorite, il ne pensa plus qu'à
faire la guerre.

Pour subvenir aux dépenses exces

sives auxquelles il allait être exposé,
Télamon vendit son argenterie et ses
meubles. Dans ces temps reculés, le
soldat n'avait point de paie ; il vivait
aux dépens de l'ennemi. Le prince,
qui voulait maintenir dans les troupes
une exacte discipline, lui obtint une
solde, et il fournit encore de sa bourse
aux besoins d'un grand nombre de
soldats. Cette générosité sans exemple
lui gagna le cœur de toute l'armée ; il
eût pu la conduire au bout du monde,
sans craindre que la fatigue, les priva-
tions, le froid âpre, la chaleur brû-
lante, le péril même, rien enfin ne
diminuât le courage ou n'excitât le plus
léger murmure parmi ces braves et
vaillans athéniens.

Avant de partir, le prince se rendit
au sénat. A la suite d'un discours plein
de feu, il jura attachement à la royauté, amour particulier à la personne du
monarque, haine aux factieux, aux
traîtres, à la tyrannie ; il déclara que

ses vœux étant pour le soutien du trône ; jamais il ne fausserait son serment d'être fidèle à sa patrie et à son roi.

Toutes ses dispositions étant faites, le prince partit avec Celcéus et la fleur de la jeunesse athénienne. Jamais une si belle et si vaillante armée n'était sortie des murs d'Athènes ; jamais la fortune n'avait donné aux Athéniens un général comme Télamon, d'une valeur qui surmontait tous les obstacles ; d'une intrépidité capable d'affronter de sang froid les plus grands périls ; que les revers ne décourageaient point ; qui voyait d'un coup-d'œil toutes ses ressources, en faisait usage avec une présence d'esprit admirable, et valait enfin lui seul un bataillon tout entier par son courage extraordinaire, son énergie, la confiance qu'il inspirait aux troupes, la gloire qu'il leur faisait acquérir, et les prodiges inouïes

qu'il savait opérer en récompensant
à propos les braves soldats qui, sous
ses yeux, couraient sans pâlir à une
mort presque certaine.

CHAPITRE IX.

Lorsque Heptapyle et Ozoles apprirent que Télamon s'avançait pour les combattre, ils se repentirent de s'être attiré sur les bras un ennemi si redoutable. En secouant le joug que Ménès leur avait imposé, ils s'étaient flattés que les Athéniens, occupés chez eux de dissentions intestines, les laisseraient en paix au moins jusqu'au retour du roi.

Aux approches des troupes athéniennes, Thèbes trembla ; elle s'imagina voir le vainqueur irrité, apporter dans ses murs le fer et la flamme. Déjà le nom de Télamon répandait partout la terreur. Les Béotiens, qui se souvenaient de ses premières armes, ne virent plus pour eux de salut que dans la fuite.

Cependant la marche du prince était rapide ; précédé par sa renommée, les

I.

5

villes par où il passait lui ouvraient
leurs portes ; il arriva près de la capitale
de la Béotie sans avoir livré un seul
combat. Heptapyle l'attendait dans la
plaine avec son armée à moitié vaincue.
Télamon établit son camp à une demi-
lieue de celui des deux rois. On se tint
prêt des deux côtés à se battre au point
du jour. Mais, cette nuit même un
tremblement de terre se fit ressentir
dans le terrain qu'occupaient les soldats d'Heptapyle et ceux d'Ozoles, le
tonnerre et les éclairs continuels effrayèrent les Béotiens et les Locriens
qui se persuadèrent que les Dieux, dé-
sapprouvant cette guerre injuste, voulaient les faire mourir. La foudre tomba
au milieu du camp à plusieurs reprises,
et frappa un grand nombre de soldats ;
l'exhalaison enflammée qui se commu-
niquait de proche en proche, réduisait
en cendre les hommes et les armes à
une grande distance. Ce terrible fléau
troubla l'esprit des ennemis ; la terreur

s'empara d'eux à un tel point, qu'ils eurent une fausse alarme : une partie d'entre eux se crut poursuivie ; elle communiqua sa frayeur au reste de l'armée ; alors tous se jetèrent sur leurs armes, ils se battirent et s'entre-tuèrent, s'imaginant avoir affaire aux Athéniens.

Délivré ainsi de ses ennemis, Télamon vint camper sans obstacles devant Thèbes. Les deux rois, n'étant pas en état de lui résister, eurent recours à sa clémence. Le prince, aussi généreux que vaillant, les rétablit sur leurs trônes. Après avoir joui quelque temps de l'ivresse d'un peuple qui lui devait son bonheur, et de la reconnaissance des deux rois, Télamon quitta Thèbes et rejoignit son armée.

Une guerre, qui n'avait été qu'une marche victorieuse, terminée avec gloire sans répandre une goutte de sang et par la seule renommée du général, exalta la jeune tête de Télamon ; il écouta avec complaisance les

éloges que les officiers lui prodiguè-
rent, et sourit aux discours flatteurs
de Celcéus : « Seigneur, lui dit ce favori, croirez-vous encore un serviteur
fidèle, qui vous connaît mieux que
vous ne vous connaissez vous-même ?
Un grand homme fait lui-même sa destinée. Par la supériorité de son génie,
il gouverne les hommes comme il lui
plaît, se rend maître des cœurs, prépare les événemens, met à profit les
circonstances, assure le succès de ses
opérations ; c'est ainsi qu'il maîtrise la
fortune et explique les oracles. Les
Dieux vous aiment, mon prince, n'en
doutez pas ; vous venez d'en avoir la
preuve. Livrez-vous donc sans crainte
aux mouvemens de votre grande ame ;
illustrez la patrie dont vous êtes l'enfant adoptif ; remplissez votre sort ;
courez à de nouvelles conquêtes ; et,
qu'Athènes ne vous revoie que couvert de lauriers. »

Ainsi parla Celcéus pour flatter son

maître ; et les jeunes capitaines, dont
le bouillant courage ne cherchait que
les combats, applaudirent à ce discours.
Parmi les chefs , se trouvaient des
hommes dévoués à Mnesthée ou plutôt
à Sparte, chargés d'entraîner Télamon
dans des entreprises hasardeuses qui
lui aliénassent le cœur des Athéniens ;
ceux-là élevèrent jusqu'aux nues les
rares talens du prince ; et, joignant leur
voix à celle des jeunes guerriers, ils
supplièrent Télamon de leur faire voir
un ennemi qu'ils pussent combattre :
Quoi ! lui disaient-ils, est-il digne
d'un héros tel que vous de retourner
dans sa patrie sans avoir tiré l'épée !
Si les Dieux se sont montrés en votre
faveur, ils vous invitent par cela même
à de nouveaux triomphes, et vous pro-
mettent la victoire. Vous arrêterez-
vous en si beau chemin ? Qui recon-
naîtrait le jeune et vaillant Télamon à
ce caractère timide ? Seigneur, la témérité sied bien à votre âge ; elle est

presque toujours suivie du succès, quand la hardiesse est le résultat du sentiment de ses forces. Dans la guerre sur-tout, une prompte résolution, une volonté forte et un courage inébranlable valent mieux pour le chef qu'une puissante armée. Avec de telles armes, mon prince, vous étonnerez vos ennemis, vous aurez des soldats invincibles, et vous marcherez de victoire en victoire. »

Le dangereux poison de la flatterie ne s'insinua que trop aisément dans le cœur du prince ; il se crut destiné aux grandes choses et fait pour les entreprendre. Oubliant la situation déplorable de sa patrie, la haîne cachée de son rival et les ruses de Sparte, il se livra aux perfides conseils de ceux qui voulaient sa perte : la gloire, qui était son idole, se présenta à lui avec tous ses charmes ; il résolut de profiter du zèle des troupes et de la confiance des chefs pour terminer la campagne par des conquêtes qui, utiles à la patrie, rendissent son nom à jamais célèbre.

Les habitans de l'Attique, portés à la douceur, à la joie, au plaisir de l'esprit, peu touchés des richesses, mais passionnés pour la justice et pour la gloire, donnaient presque tous leurs soins aux arts qui étendent les commodités et les agrémens de la vie, ou à la police et aux armes qui en assurent la jouissance.

Le commerce des Grecs ne s'étendait pas au-delà des bornes de leur territoire : l'Attique, pays maigre, montueux, d'une terre légère et de peu de rapport, n'avait que son sel, ses laines, son miel et ses oliviers, qu'elle échangeait pour du blé dont la Thessalie, la Béotie et la Phocide avaient en abondance. Les colonies grecques, au contraire, étaient riches et commerçantes. L'île d'Egine entr'autres, située dans la mer Saronique, à l'orient de l'Attique, trafiquait avec les nations voisines dans la Méditerranée et le Pont-Euxin, et s'était emparée du commerce maritime. Télamon trouva digne de lui d'obliger les habitans de l'île d'ouvrir leurs ports aux Athéniens, et de rendre la navigation libre pour tous les Grecs indistinctement. Ce noble projet ne demandait qu'un moment plus heureux pour recevoir les éloges des bons patriotes ; mais Télamon avait saisi à dessein le temps de la prison du roi pour le mettre à exécution, voulant avoir tout l'honneur de cette grande entreprise. Il pensait avec orgueil qu'Athènes lui devrait sa prospérité, ses richesses, et le roi l'augmentation de sa puissance. Après y avoir bien réfléchi, le prince assembla les chefs de son armée et leur parla en ces termes :

« Braves soldats, mes compagnons d'armes, la gloire facile que vous avez acquise peut-elle flatter votre ame ? Qu'avez-vous fait ? Quels exploits signalent cette campagne ? Où sont les blessures honorables que vous avez reçues ? Après être sortis d'Athènes en guerriers, y retournerez-vous en simples voyageurs? Je vois à votre air à quel point une telle proposition offenserait votre courage.... Eh bien ! suivez-moi : nos alliés sont rentrés dans le devoir ; à présent marchons vers les colonies qui se sont séparées de la métropole ; que la mer, libre pour tous, ne serve plus de limite à notre patrie ; qu'elle nous apporte des richesses ; qu'à l'exemple de ses voisins Athènes devienne opulente par le trafic ; portons la guerre chez les Corinthiens et les Eginètes. »

A cette proposition, toute l'assemblée répondit par de grands cris de joie : Partons, partons, s'écrièrent les jeunes capitaines, en élevant leurs casques sur la pointe de leurs lances ; et, d'un commun accord, le départ fut résolu.

CHAPITRE X.

TÉLAMON s'embarqua à Naupacte sur des vaisseaux que les Locriens lui fournirent, et il fit voile vers Corinthe, situé sur le golfe de ce nom. Corinthe, ville superbe, avait une forte citadelle, des temples et autres édifices publics.

Télamon sauta le premier sur le rivage, et l'épée à la main, il montra à ses soldats le chemin de la gloire. La jeunesse athénienne suivit ses pas; elle voulait se distinguer sous ses yeux ou mourir.

Les Corinthiens, plus adonnés au commerce qu'aux exploits militaires, et amollis par une longue paix, n'opposèrent d'abord à Télamon qu'une faible résistance; mais, revenus de leur première surprise, ils accoururent en armes sur le rivage, et décochèrent à leurs ennemis une grêle de traits qui

les firent tomber par centaine. Les in-
trépides Athéniens, sans être étonnés
par le nombre, ni émus par la perte
de leurs camarades, serraient les rangs
et combattaient en héros. Leur bravoure, l'impétuosité de leurs mouvemens, la valeur de leur général qui, les
encourageant du geste et de la voix,
moissonnait tout ce qui s'offrait à lui,
firent reculer un moment les Corinthiens. Leur roi venait d'arriver. Ce
vieillard respectable, témoin des hauts
faits d'armes du jeune prince, l'admira ;
il fit cesser le combat, et ayant fait
prier Télamon de venir dans son palais, il lui demanda pourquoi, sans déclaration de guerre, il venait attaquer
un peuple qui ne l'avait point offensé ?
Les lois de la Grèce, continua-t-il, et
celles de toute nation civilisée, veulent
que, même pour la cause la plus juste,
on déclare la guerre dans les formes à
celui de qui on croit avoir à se plaindre.
Télamon essaya de justifier sa conduite,

en rappelant au roi la séparation de Corinthe avec la métropole. Il consentit à mettre bas les armes si *Télestes*, ainsi se nommait le roi de Corinthe, voulait faire alliance avec Ménès et lui payer tribut.

Télestes écouta le prince sans l'interrompre, ensuite il lui dit : « Les griefs que vous reprochez aux Corinthiens, mon fils, sont d'une date bien ancienne, ils ne devraient pas m'être imputés; mais si les Athéniens croient avoir à se plaindre de nous, pourquoi n'envoeint-ils pas de sages négociateurs et non des conquérans? Vous venez en pirate et comme un voleur de nuit surprendre les Corinthiens, les égorger pour vous rendre maître de leur ville; est-ce ainsi qu'on instruit la jeunesse à Athènes? Nous suivons ici d'autres lois : assez forts pour défendre notre liberté, et assez riches pour nous passer de nos voisins, nous ne refusons cependant pas l'amitié d'un roi puissant qui nous l'offre. J'accepte l'alliance de Ménès ; je consens aussi que nos ports soient ouverts à ses sujets ; quant à être ses tributaires, c'est un point qui demande une délibération plus approfondie. »

A la suite de cet entretien, Télestes fit conduire le prince par toute la ville ; et il donna ordre qu'on lui rendît de grands honneurs. Télamon admira cette ville, une des plus belles qu'il y eût au monde : les édifices publics tant sacrés que profanes, les grandes places de cette cité majestueuse, tout annonçait son opulence, sa prospérité et la sagesse de son gouvernement. Comme le prince en témoignait au roi son étonnement, Télestes lui dit : « Vous voyez, mon fils, les avantages d'une longue paix. Cependant vous veniez détruire le fruit de nos travaux, et nous replonger dans la barbarie. Ce peuple florissant et heureux dont les arts embellissent l'existence, allait connaître les

horreurs de la guerre ; il allait voir succéder à tant d'années de bonheur la
désolation et la mort...., et c'est vous,
jeune homme , vous , que la nature
semble avoir destiné à être le soutien
du faible et l'ami du malheureux, c'est
vous qui cherchez à surprendre un
vieillard dont le bras débile se refuse
à son courage, et un peuple sans défense ! »

Télestes ignorait ce qui se passait à
Athènes, ainsi que la prison du roi.
Cédant à l'empire des circonstances, il
adhéra à tout ce que voulut le prince,
qu'il crut envoyé par Ménès ; il fit un
traité de commerce avec les Athéniens , et se hâta de congédier ces
dangereux amis en les comblant d'é-
gards et de bienfaits.

Télestes donna à Télamon des munitions et des rafraîchissemens de toute
espèce , et il lui permit de lever des
troupes dans ses états. Lorsqu'il fut
près de partir : « Mon fils, lui dit-il,

usez avec modération des faveurs de la fortune, ainsi que des dons que vous avez reçus de la nature ; si vous en faites un mauvais usage vous en serez puni. Les dieux, jeune homme, vous ont donné la valeur pour défendre votre patrie, et non pour aller en brigand ravager le monde : c'est la gloire d'une bête féroce, celle qui s'obtient par le carnage ; elle laisse des traces de sang qui font horreur et qui ne s'effacent jamais,.... »

CHAPITRE XI.

LE discours de Télestès fit une vive impression sur le prince : « Serait-il vrai, dit-il à Celcéus, lorsqu'ils furent seuls, que pour acquérir un peu de gloire, mon nom, voué à l'exécration des peuples, ne serait prononcé par eux qu'avec horreur, et que les traités d'alliance faits avec Athènes feraient couler le sang de leurs plus illustres citoyens? Ah! renonçons plutôt à cette guerre de conquête qui m'avait d'abord ébloui; le tableau de Corinthe, si heureuse, si florissante, et peut-être, sans la prudence de son roi, ensevelie sous ses ruines par nos armes, glace mon courage..... Retournons sur nos pas, comme Télestes nous en donne le conseil; allons nous joindre aux bons citoyens pour défendre la patrie, et, si notre retour n'a rien d'éclatant, il sera du moins sans reproche. » En finissant ces mots, Télamon poussa un profond soupir! Il en coûtait à sa vaillance de renoncer au projet séduisant d'agrandir son pays et d'étendre son pouvoir. Celcéus mit tous ses soins à détruire une résolution que le penchant de son maître pour la guerre combattait déjà avec avantage. Certain de lui plaire en s'opposant à ce départ précipité, il lui parla ainsi :

« Depuis quand, mon prince, avez-vous fait succéder aux projets d'un héros la pusillanimité d'un vieillard ? Jusqu'ici la fortune vous a-t-elle abandonnée? Votre courage succombe-t-il sous le poids des revers? Non : les dieux qui veillent sur vos destins, se plaisent à favoriser vos armes ; en épargnant le sang de vos soldats, ils font voler au loin votre nom, et préparent les peuples à subir le joug que vous voudrez leur imposer. Irez-vous contre leur volonté suprême en vous retirant sans gloire au commencement d'une campagne? N'en doutez pas, seigneur, les dieux vous ont choisi pour donner au royaume d'Athènes une prépondérance marquée sur les états voisins, et faire rougir Sparte d'avoir osé y prétendre par l'intrigue et la séduction. Oui, mon prince, je le répète, les dieux, qui vous aiment, voient avec complaisance la hardiesse de vos desseins ; ils approuvent le plan aussi juste que noble et beau de réunir à la mère-patrie, ces Grecs jadis sous sa dépendance, pour n'en former qu'un seul peuple, et de rendre à l'Attique l'éclat dont elle brillait sous ses premiers rois. Suivez, seigneur, vos belles destinées ; que le succès couronne une entreprise qui n'a pu être conçue que dans la tête d'un grand homme fait pour l'exécuter avec honneur. »

Ainsi que les premiers rayons du soleil chassent au loin les ombres de la nuit, ainsi le discours adroit de Cel-

céus fit disparaître les images sinistres
qui agitaient l'ame sensible de Télamon
à la vue des maux que la guerre en-
traîne après elle; sa tête, qu'il tenait
baissée sur sa poitrine, se releva avec
fierté; son œil reprit sa noble assurance : « Oui, dit-il, j'aime à le croire,
Athènes reprendra son ancienne splèn-
deur, et c'est à mon bras qu'elle devra
ce surcroît de force et de puissance.
Puisque la gloire de ses armes m'a été
confiée, faisons-la triompher au dehors,
et, par d'éclatantes victoires, tenons
ses ennemis en respect; en agir ainsi
n'est-ce pas assurer sa tranquillité inté-
rieure? Eh! que ferai-je de plus dans
ses murs? Athènes n'a-t-elle pas son
sénat pour sauve-garde? Si quelques
membres de ce corps respectable n'op-
posent aux factieux qu'une molle résistance, la partie la plus saine, animée du
plus pur patriotisme, saura se dévouer
pour soutenir les droits du peuple et
ceux du souverain. Dans notre heureuse

patrie l'or n'a aucun pouvoir; la pau-
vreté est en honneur, et la gloire est
préférable à la richesse; quels seraient
donc les moyens de corruption pour
un Athénien? Et, s'il n'y a pas de
corruption, quels dangers redoute
Athènes?

Tranquille du côté de ma patrie,
dois-je m'effrayer des maux qu'il ne tient
qu'à moi d'épargner aux peuples chez
lesquels je vais descendre? Ne sais-je
pas que la modération et la clémence
sont des vertus inséparables de la vraie
valeur, et voudrais-je soullier par des
forfaits les lauriers que je vais cueil-
lir?.... Mon ami, vos judicieuses réflexions me consolent et m'éclairent;
je reprends mon courage avec ma sécu-
rité; et, m'appuyant sur la protection
des dieux, j'apprendrai au monde qu'on
peut être à-la-fois humain et conquérant. »

Affermi dans ses desseins par les
conseils de Celcéus, Télamon assembla

son état-major pour délibérer sur le
plan de la campagne. On décida unanimement qu'il fallait profiter des dispositions favorables de Télestes, porter
la guerre chez les Mégariens, et, par
la prise de leur ville, reculer de ce
côté les frontières de l'Attique jusqu'à
l'isthme de Corinthe. Le prince dépêcha un exprès au sénat d'Athènes pour
l'instruire de l'heureux succès de ses
armes, et des nouveaux efforts qu'il
allait tenter pour la gloire de la patrie.

Tout ayant été prévu, Télamon se
mit à la tête de son armée et la dirigea
sur Mégare.

La marche des Athéniens fut aussi
secrète que rapide; le jour ils évitaient
les lieux habités, et traversaient des forêts immenses qui les dérobaient à tous
les regards. Ils apportèrent eux-mêmes
la nouvelle de leur invasion, pénétrè-
rent dans la ville, et surprirent les
Mégariens comme la foudre qui, tom-
bant tout-à-coup aux pieds du voyageur

épouvanté, lui montre un abîme entr'ouvert sous ses pas.

Cependant Myndus, leur roi, jeune
et valeureux, assemble ses troupes,
chasse les Athéniens de la ville, et
range ses soldats dans la plaine. Les
deux armées sont en présence; l'une,
imposante par le nombre; l'autre, forte
de son courage, de la confiance que
leur inspirait l'intrépidité extraordinaire de son général, et de la position
avantageuse qu'en habile capitaine
Télamon avait su prendre.

L'affaire commença par une grêle de
traits lancés de part et d'autre; vinrent
ensuite la massue et l'épée. C'est alors
que l'adresse et l'agilité des Athéniens
leur donnèrent sur leurs ennemis de
grands avantages pour esquiver les
coups qu'on leur portait et donner la
mort d'une main sure. Ces braves guerriers, encouragés par l'exemple de leur
général, firent des prodiges de valeur.
On les voyait courir au danger de

(71)

bonne grace, et mépriser la mort qui
s'offrait à eux à chaque pas sous des
formes épouvantables : les uns se portaient en avant et traversaient sans
crainte des flots d'ennemis pour se
réunir ou pour défendre quelqu'un des
leurs ; d'autres combattaient dans le
moment que, tout couverts de blessures,
leur sang ruisselait de toutes parts.
Aussi hardis que courageux, ces hommes
étonnans faisaient prisonniers les principaux d'entre les Mégariens quand
eux-mêmes étaient dans le plus grand
péril.

Cette armée de héros excita l'admiration des ennemis. Le jeune et beau
Télamon, courant dans les rangs armé
d'un glaive, et s'exposant aux traits qui
obscurcissaient l'air sans en être atteint,
leur parut le dieu Mars lui-même. Sen-
tant l'impossibilité de vaincre, les
Mégariens allaient rendre les armes,
quand la mort de leur roi décida entièrement de leur sort.

Dès le commencement de l'action, le prince avait cherché Myndus; l'ayant enfin rencontré, ces deux guerriers, animés également d'une noble ardeur, après s'être mesurés de l'œil, s'étaient précipité l'un vers l'autre, l'épée à la main, comme deux jeunes lionceaux. Plus maître de son courage que son ennemi, le prince attaqua Myndus dans le moment où ce roi, qu'aveuglait la colère, ne se tenant plus sur ses gardes, voulait lui donner un coup mortel; il lui fit au flanc une large blessure, et son sang, qui coula à gros bouillons, éteignit pour jamais la haine qui, tout mourant qu'il était, se peignait encore dans ses regards. Myndus étant tombé entre les bras des siens, Télamon fit cesser le combat.

CHAPITRE XII.

La mort de Myndus répandit la consternation parmi le peuple de Mégare ; le présent faisait couler ses larmes, l'avenir l'épouvantait. Cependant, Télamon, touché des maux des Mégariens, ordonna à ses troupes de camper hors des murs de la ville. Il envoya un hérault dans Mégare, pour enjoindre aux magistrats de veiller comme par le passé au maintien de l'ordre et à la sûreté des citoyens ; promettant de suspendre pendant un mois les hostilités, et de protéger même, s'il était nécessaire, les habitans de Mégare contre quiconque oserait troubler leur tranquillité. Cette déclaration fut reçue par le peuple avec la plus vive reconnaissance. Les Mégariens firent les obsèques de leur roi. Télamon y assista

ainsi que ses officiers, tous avec décence et respect ; ensuite, des deux
côtés, on brûla les morts, victimes
de la guerre.

La conduite noble et généreuse de
Télamon dans cette circonstance lui
gagna tous les cœurs. Avant que la
trève fût expirée, les principaux de la
ville s'assemblèrent ; ils prirent la résolution d'offrir au jeune prince le
trône de Mégare, vacant par la mort
de Myndus, et d'y joindre une étendue de terre considérable, comme une
preuve toujours existante de la reconnaissance des Mégariens, qui avouaient
devoir au prince le salut de leur ville,
la conservation de leurs biens et leur
vie même, dont il était le maître de
disposer en vainqueur. En conséquence, les plus notables, au nombre
de douze, chargés de présens, allèrent
supplier Télamon de venir régner sur
un peuple qui l'honorait et le chéris-
sait, et dont il ferait le bonheur. Le

prince, ému, remercia gracieusement
les députés, et, sans s'expliquer davantage, il leur promit de donner sa réponse le lendemain. Télamon employ
une partie de la nuit à réfléchir à ce
que l'honneur exigeait de lui dans cette
circonstance : fait-il la guerre en aventurier, pour obtenir des richesses, une
couronne ? Non, sans doute ; quel
était son but en venant à Mégare ? Celui d'étendre les limites de sa patrie,
et de contribuer par là à sa gloire et à
sa prospérité. Eh bien ! s'il monte sur
le trône qu'on lui offre, qu'aura-t-il
fait pour son pays ? Et ces braves Athéniens qui ont partagé les périls de l'expédition, quelle sera leur récompense ?
De quel œil le verront-ils s'emparer
seul d'un bien qu'ils ont acquis en
commun et pour la patrie ? Non, jamais, s'écria Télamon, mon intérêt
ne me fera trahir mon devoir : citoyen
d'Athènes, chef de ses armées, frère
d'armes de cette vaillante jeunesse qui

sert sous mes drapeaux, sujet zélé du
meilleur des rois, et brûlant du pur
amour de la patrie, j'ai aujourd'hui
l'estime des troupes et leur confiance;
demain, si j'avais la faiblesse de céder
aux vœux des Mégariens, je ne leur
paraîtrais qu'un ambitieux qu'ils abandonneraient avec mépris : la gloire et
l'honneur, voilà ma devise et la règle
de ma conduite.

Le lendemain, Télamon parut dans
l'assemblée des nobles Mégariens, et
il leur parla ainsi : « Citoyens de Mégare, je suis sensible à l'honneur que
vous voulez me faire en m'offrant la
couronne ; il me flatte d'autant plus
qu'il vient de l'idée avantageuse que
vous vous êtes formés de mon caractère, aussi vous m'en voyez pénétré
de reconnaissance. Je n'oublierai jamais la preuve que vous me donnez en
ce jour de votre estime et de votre affection ; mais, citoyens, bien que le
trône de Mégare satisfasse mes sou-

haits les plus exaltés, je ne puis cependant répondre à vos désirs en l'acceptant. Je dois mon bras à ma patrie ; je lui dois compte de l'armée qu'elle a mise sous mes ordres ; je lui dois compte de mes succès qui sont les siens : mon seul mérite est dans ma fidélité : si, un jour, Athènes attache quelque prix à mes faibles services, ce sera à elle à m'en récompenser.

Citoyens de Mégare, les dieux me sont témoins que votre bonheur m'est plus cher que le mien propre. Daignez m'écouter ; puissent mes paroles porter la conviction dans vos ames, et vous éclairer sur vos véritables intérêts. Voici ce que je vous propose : établissez un conseil suprême formé des plus anciens d'entre vous, chargé de vous régir d'après vos lois et vos coutumes, et donnez-vous à Athènes ; dès-lors vous jouirez d'un bonheur sans mélange. Protégé par un peuple puissant, généreux, dont la bonne foi

est la noble garantie de la paix que je
vous offre de sa part, qu'aurez-vous
à craindre? Au lieu d'être continuel-
lement en guerre avec des voisins jaloux de votre opulence, qui cherchent
à envahir votre territoire, vous vous
livrerez sans inquiétude aux arts que
vous aimez, au commerce qui vous en-
richit, et vous nous laisserez le soin
de vous défendre. »

Télamon cessa de parler. Il chercha
à lire sur la physionomie des Mégariens l'impression qu'avait fait son discours ; tous avaient les yeux baissés,
l'air triste et abattu : l'esclavage était
odieux à ce peuple fier qui, jusqu'a-
lors, se vantait d'avoir conservé son
indépendance. Les promesses de Télamon ne l'éblouissait point, mais son
respect pour lui le réduisit au silence.
Enfin Pollus, citoyen de Mégare, re-
commandable par son grand âge et
son rare mérite, s'étant levé, exposa
au prince en peu de mots l'horreur

qu'avaient les Mégariens pour un joug
étranger; il demanda comme une grâce,
puisque le prince se refusait à leurs
vœux, de leur permettre de mettre la
couronne de Mégare sur la tête du
jeune Amisdas, fils de Myndus. L'assemblée donna sa voix par acclamation
au rejeton d'une famille qu'elle aimait. Le prince voyant l'impossibilité
de soumettre les Mégariens par la
force, consentit à leur demande. Aussitôt l'air retentit des cris : Vive Télamon ! vive ce généreux vainqueur ! ce
noble ennemi ! Que tous ses pas soient
marqués par des victoires ! Que les
braves Athéniens soient nos alliés et
nos amis ! Le petit prince, âgé de sept
ans ; ayant été amené, Télamon le
prit dans ses bras et le montra aux
Mégariens en leur disant : « Peuple,
voilà votre roi ; aimez-le ; soyez-lui
fidèle. » Les vieillards reçurent l'enfant royal des mains du prince ; des

larmes délicieuses coulaient de leurs yeux, et Télamon, heureux de leur bonheur, goûta le plaisir pur que donne la vertu.

CHAPITRE XIII.

Télamon resta à Mégare le temps nécessaire pour consolider son ouvrage. Amisdas fut couronné, un conseil de régence établi, et un traité d'alliance conclu avec les Athéniens ; ensuite, sur la demande du prince, on lui accorda plusieurs vaisseaux tout équipés et chargés de vivres pour transporter ses troupes. Les Athéniens s'embarquèrent à la vue d'un peuple immense qui les comblait de bénédictions, et ils arrivèrent très-promptement à la vue de l'île de Salamine.

A-peu-près à une lieue du port, le prince fit mettre en panne sa petite flotte ; il donna ordre de l'attendre ; ensuite, montant sur un bateau léger avec Celcéus et quelques Athéniens, il descendit dans l'île, afin d'examiner à

loisir un endroit propre au débarquement ; cela fait, il alla *incognito* visi-
ter les environs du palais du roi.

Lorsque Télamon approcha des su-
perbes jardins qui entouraient la de-
meure somptueuse du souverain de
l'île, il aperçut au travers des grilles
dorées la fille unique du roi de Salamine qui se promenait au milieu des
dames de sa suite. Son voile, jeté en
arrière, laissait voir son charmant visage sans rien ôter à l'élégance de sa
taille et à la grace de ses mouvemens.
Télamon resta immobile à la consi-
dérer ; son cœur tout à la gloire jusqu'à ce jour, commença à connaître
un sentiment plus tendre. Gemma sortait à peine de l'adolescence ; ses traits
délicats, son extrême blancheur, son
air candide, ses formes gracieuses, sa
douce gaîté et ses jeux naïfs, tout enfin
dans cette aimable personne plut telle-
ment au prince, qu'il s'imagina n'avoir
rien vu jusqu'alors d'aussi séduisant :

« Celcéus, dit-il à son favori, contemple la jeune princesse de Salamine, et avoue que la nature s'est
épuisée pour l'embellir : est-il rien sur
la terre de plus parfait ? Ce regard cé-
leste, est-il possible de l'oublier ! »
Après cette exclamation, le prince se
tut ; tout occupé de Gemma, le sourire
de la satisfaction errait sur ses lèvres,
le plaisir brillait dans ses yeux : « Mon
ami, reprit-il ensuite, si les Dieux
me donnaient une telle compagne, ils
me feraient goûter d'avance la coupe
de la félicité suprême !.... Mais, repre-
nait-il, s'ils ont permis que je visse la
princesse ; s'ils ont voulu que j'en fusse
charmé, c'est, n'en doute pas, pour
me donner le courage de tout entreprendre pour l'obtenir..... J'en accepte
l'augure ; oui, Gemma n'aura point
d'autre époux que Télamon ; j'en fais
serment à la face du ciel et de la
terre !.... »

Celcéus enchérit encore sur le portrait que son maître venait de faire de la belle Gemma; lui et les officiers de la suite du prince dirent à l'envi que leur général et la princesse de Salamine semblaient formés l'un pour l'autre ; que celui qui donnait des couronnes pouvait bien prétendre à l'héritière d'un trône ; que Dictyme, père de Gemma, tiendrait à honneur de s'allier à un jeune prince doué des qualités les plus rares, qui, par ses talens militaires, donnerait un nouveau lustre au royaume de Salamine; enfin, la flatterie, l'adulation et l'amour s'accordèrent pour enhardir l'entreprenant Télamon dans la recherche de la princesse.

Obligé de partir, Télamon quitta à regret le lieu fortuné qui renfermait l'objet de sa passion naissante. Peu d'instans avaient suffi pour le captiver, et pour détourner l'orage qui allait fondre sur la tête de Dictyme : un seul regard de Gemma avait sauvé son pays;

sa douce figure venait de désarmer le fier et vaillant Télamon.

Le prince s'entretenait de Gemma en marchant avec ses amis, lorsqu'il fut accosté par un officier du roi, qui lui demanda si, étant étranger, il désirait prendre un guide pour voir la ville ? Télamon le remercia ; il lui dit qu'un coup de vent l'avait jeté sur la côte lui et ses compagnons, et qu'ils allaient se remettre en mer. L'officier du roi leur apprit que Dictyme venait de partir avec un corps de troupes, afin de repousser les Eginètes qui avaient opéré une descente dans l'île. Une heure plutôt, cette nouvelle eût été fatale aux habitans de Salamine ; le prince aurait profité pour les soumettre de l'absence de leur roi ; mais alors il forma le projet de tourner ses armes contre les ennemis du père de Gemma, et de défendre, au péril de s: vie, l'île que la princesse habitait.

Lorsque l'officier l'eut quitté, Télamon fit part des ses vues aux Athéniens de sa suite ; il leur ordonna de retourner à la flotte , d'attendre les vaisseaux des Eginètes , de les combattre , pour punir ces insulaires de leur audace et les préparer à sa visite ; quant à lui, il resta à Salamine avec Celcéus , se proposant de rejoindre dans peu son armée.

Après le départ des siens , Télamon, baissant la visière de son casque , se fit conduire par un habitant de l'île , au camp du roi de Salamine. Il arriva le jour d'une bataille , et se plaça dans les rangs avec Celcéus. Au moment de l'action, le prince joignit Dictyme, combattit à ses côtés , lui sauva plusieurs fois la vie, battit les Eginètes et les força de se rembarquer dans le plus grand désordre. Etonné de ses succès , le roi ne put méconnaître la main qui l'avait fait triompher : « Qui êtes-vous , vaillant jeune homme , dit-il au prince, lorsque les ennemis se furent retirés ?

A qui dois-je de si éclatans services ?
Êtes-vous né dans mes Etats ? Quel
Dieu favorable vous a envoyé à mon
secours ? — Grand roi, répondit Télamon, je suis étranger ; le hasard
m'ayant conduit dans votre île, j'ai
appris le péril qui vous menaçait et j'ai
volé vers vous ; mon zèle pour votre
personne royale a guidé mon bras ; j'ai
secondé votre valeur ; vos ennemis
sont repoussés ; trouvez bon à présent
que je me retire. » En prononçant ces
mots, le prince salua le roi et se dis-
posa à s'en aller ; mais Dictyme l'arrê-
rant, lui dit : « De grâce, noble et généreux guerrier, venez dans mon palais recevoir le prix de votre singu-
lière valeur ; donnez-moi la satisfaction
de connaître celui à qui je dois la vie
et peut-être ma couronne. » Et sans
attendre la réponse du prince, Dictyme ordonna qu'on disposât tout pour
le retour. Télamon, marchant à côté

du roi, en fut traité avec une distinction toute particulière.

Comme on approchait du palais ;
on en vit sortir la princesse de Salamine suivie de sa cour ; elle venait
féliciter le roi son père sur sa victoire.
Dictyme lui présenta le prince : « Voici,
lui dit-il, ma fille, le valeureux guerrier qui m'a sauvé la vie : cet étranger,
envoyé par les Dieux, ce jeune héros
a décidé la victoire. » Télamon s'avança
alors, et, mettant un genou en terre,
il leva la visière de son casque et voulut
baiser la main de la princesse ; mais
Gemma la retira et rougit prodigieu-
sement. « Ma fille, lui dit le roi, ac-
cordez cette faveur à celui qui vous
rend votre père. » Alors la jeune princesse tendit sa main à Télamon avec
timidité, mais avec une grace inimi-
table ; l'amoureux guerrier y appliqua
ses lèvres brûlantes ; puis cachant aussitôt sa figure, il chercha à se dérober

(89)

à tous les regards ; cependant un coup-
d'œil furtif donné sur le beau cheva-
lier, avait appris à Gemma que Télamon, le plus brave des hommes, en
était aussi le plus aimable : les yeux
du prince, qui peignaient si bien l'a-
mour, son teint animé des plus belles
couleurs, ses cheveux d'un brun clair,
qui s'échappaient en grosses boucles
de dessous son casque, sa taille élé-
gante et bien prise, ses manières nobles, ne firent pas moins d'impression
sur la douce et sensible Gemma, qu'elle
n'en avait fait elle-même sur le prince.

L'ardeur du baiser de Télamon troubla la princesse, elle retira sa main
avec vivacité ; le mouvement qu'elle
fit détacha une rose de son bouquet ;
Télamon la ramassa aussitôt et la ca-
cha dans son sein ; craignant d'être
trahi par son amour même, il salua
le roi et la princesse et disparut. Le
prince monta dans sa chaloupe, gagna

I.   8

le vaisseau qui l'attendait et rejoignit
sa flotte, laissant Dictyme, sa fille et
toute la cour dans la surprise et l'admiration. Pendant plusieurs jours on
ne parla que des qualités brillantes du
jeune étranger, et du désir qu'on avait
de le connaître.

CHAPITRE XIV.

Eunome régnait en Egine. Ce prince sans foi avait rompu son alliance avec Ménès, et engagé par ses intrigues Phalante, roi d'Argos, à ravager le territoire de l'Attique. Télamon brûlait de venger sa patrie : il voulait punir le lâche Eunome de sa trahison. Après avoir battu les Eginètes à Salamine et détruit leurs vaisseaux, il descendit dans l'île d'Egine, extermina sans pitié les troupes qu'Eunome lui opposa, le poursuivit lui-même jusque dans son palais, le força de se rendre, l'envoya à Athènes sous bonne escorte, et mit à sa place un gouverneur, jusqu'à ce que le peuple en eût ordonné autrement.

Les Eginètes châtiés, le prince remonta sur sa flotte et vogua vers Céos, où l'appelaient les principaux habitans

de l'île, dont plusieurs venaient de périr
dans les cachots, victimes de l'intolérable tyrannie du roi. Léosthènes, monarque faux, soupçonneux, du fond de
son palais régnait par la terreur. Entouré de prêtres, dont les conseils
perfides ne s'accordaient que trop avec
ses penchans, il leur avait remis le
glaive des lois; et tous les ordres de
l'état, soumis au fanatisme, courbaient
la tête en frémissant sous l'épouvantable domination de ces ministres du
crime.

Dans les premiers temps de la Grèce,
l'usage barbare avait prévalu de faire
mourir les prisonniers de guerre : une
religion mal entendue faisait verser le
sang des ennemis sur les autels des
dieux : les Grecs croyaient par ces sacrifices apaiser les mânes de ceux qui
étaient morts dans les combats; mais à
mesure que la justice présida aux entreprises des nations, les rois de l'Attique reconnurent qu'il était humiliant

pour des hommes d'honorer les immortels par des actes de cruauté. Ménès,
le plus religieux observateur des droits
de la guerre, abolit toute coutume
établie par la violence et la force ; loin
de faire mourir les prisonniers, il les
traita humainement, et il exigea la re-
présaille pour les soldats Athéniens.

Telle était la conduite des rois
d'Athènes et de ceux d'une grande
partie de la Grèce ; mais ce changement
heureux, dû aux lumières d'une saine
philosophie, n'avait point encore gagné
l'île de Céos : au lieu de faire grâce à
ses ennemis, Léosthènes croyait au
contraire en voir dans chacun de ses
sujets. Liant sa cause à celle des dieux,
il se vengeait par les supplices de ceux
qui osaient porter un œil curieux sur
son administration et désapprouver son
intolérable despotisme. Devenu le fléau
de la nation, la crainte entra dans son
cœur ; il devint lâche et cruel. Des
monstres, sous le nom d'hommes, lui

persuadaient que le seul moyen d'affer-
mir son autorité était de montrer au
peuple l'appareil des supplices, de
l'effrayer par l'aspect de la mort. Sans
s'inquiéter, pour le monarque, des
conséquences d'une telle conduite, ces
ministres répandaient la terreur, trou-
blaient les ames faibles, comprimaient
la pensée, imposaient silence à la
raison, et exerçaient sur tout le royaume
un empire absolu, seul but de toutes
leurs trames. Dignes en tout du prince
qui les autorisait, ils étaient les bour-
reaux de leurs concitoyens, et plon-
geaient le poignard dans le sein de leurs
victimes, ou les faisaient périr lente-
ment dans les tortures. Les dieux, qu'ils
prétendaient servir, détournaient la vue
avec horreur de leurs abominables sacrifices, et marquaient ces prêtres sacri-
lèges du sceau de la réprobation.

Dans cet état de chose, Télamon
n'eut qu'à paraître pour triompher :
il opéra sa descente sans obstacle, pé=

nétra jusqu'à la ville capitale, força le roi de venir en rase campagne, lui livra bataille, le fit prisonnier, s'empara de ses richesses qui étaient immenses, et soumit son royaume au joug des Athéniens.

De Céos, Télamon vole à Macris, tant de fois vaincue et jamais domptée ; il fait abattre les murs de la ville, brûler les vaisseaux armés en guerre, raser les forteresses, enlever l'argent du trésor ; ensuite il envoie à Athènes les enfans des notables de l'île, pour répondre de la fidélité des habitans ; puis il se rembarque et poursuit ses conquêtes.

Cythnos, cette île inconstante, qui semblait ne changer de maître que pour river ses fers, tomba de même au pouvoir du vainqueur. Le peuple de l'île Sériphe arrêta un moment la course rapide et victorieuse du jeune héros. Le fameux Proclès venait par sa valeur d'affranchir son pays. Géné-

ral des troupes de l'île, et non le maître
du peuple de Sériphe, il prenait les
ordres du sénat, composé des citoyens
les plus vertueux, nommés par le
peuple à une grande majorité.

Aux approches de la flotte, Proclès
se rendit dans la place publique; il exposa au peuple avec énergie le péril
qui le menaçait, et présenta l'esclavage sous des couleurs si affreuses, que
ces insulaires à qui la liberté était plus
chère que la vie, jurèrent de s'enseve-
lir sous les ruines de la ville plutôt
que d'ouvrir leurs portes aux Athéniens. La rage et le désespoir dans le
cœur, le peuple courut aux armes et
s'apprêta à une vigoureuse résistance.
En un instant le rivage se trouva défendu par une troupe d'hommes aguer-
ris, pleins de confiance dans leur invincible général.

Cependant Télamon avait effectué sa
descente. Rempli d'estime pour le vaillant Proclès, dont la renommée pu-

bliait les belles actions, il mit sa gloire
à le vaincre : c'était un ennemi digne
de lui. Trois sanglantes défaites ne
purent abattre ce fier républicain ; accablé par le nombre, couvert de blessures, vaincu enfin, il combattait encore et voulait mourir, pour ne pas
voir l'asservissement de son malheureux pays. Télamon donna ordre à ses
soldats de respecter les jours de ce
vaillant guerrier : l'armée l'envelop-
pa ; on se saisit de lui, et on l'amena
au prince. Proclès désarmé avait encore l'air audacieux et menaçant ; loin
de chercher à se rendre le vainqueur
favorable, il le provoqua : « Pourquoi, Seigneur, dit-il au prince, vouloir épargner mes jours ? la honte d'être
vaincu n'est-elle pas pire que la mort ?
—Votre clémence m'est odieuse ! Pré-
tendez-vous me faire servir à la pompe
de votre triomphe ? Avant que je voie
ce jour, ma main, en terminant mes
souffrances, me mettra hors de votre

pouvoir. N'est-ce pas assez pour vous d'avoir massacré les soldats et humilié le chef d'une armée jusqu'alors invincible, voulez-vous encore jouir de ma défaite ? Libre, indépendante, isolée en quelque sorte du commerce des humains, l'île Sériphe ne rivalisait point avec les cités opulentes ; ses habitans étaient tous frères, hospitaliers et tranquilles, soumis aux lois, respectant ses magistrats et honorant les dieux. L'ambition leur était inconnue; hommes de la nature, ils s'estimaient heureux quand la terre, arrosée de leur sueur, leur donnait de quoi pourvoir à leurs besoins. Simples, laborieux, sincères, ils abhorraient l'ingratitude, le parjure, tous les crimes qui déshonorent la société. Leur vie uniforme et sauvage prolongeait leur carrière ; ils la parcouraient sans remords, ils la terminaient sans regret. Tel était le bonheur dont nous jouissions avant l'arrivée des Athéniens. Un jour a suffi

pour le détruire : votre farouche valeur a égorgé des familles entières :
des femmes, des enfans, condamnés aux
larmes, des monceaux de cadavres, par
tout la destruction, la mort, voilà le
fruit de vos brillans exploits ! Mais,
tôt ou tard les méchans reçoivent le
prix dû à leurs forfaits ; les dieux protecteurs de l'innocence seront nos ven-
geurs !.... »

Loin de se trouver offensé de la
hardiesse de Proclès, Télamon loua
et admira son courage. Il lui tendit la
main, l'assura de son estime, lui of-
frit son amitié, et lui rendit ses armes.
Après cette action généreuse, le prince
dit au guerrier, que, satisfait d'une
victoire infiniment glorieuse rempor-
tée sur un ennemi si redoutable, il
croyait servir sa patrie en donnant à
Athènes, dans le peuple de Sériphe,
un allié fidèle et reconnaissant.

Télamon rétablit Proclès dans ses
charges ; il rendit au peuple tous ses

droits, reconnut son indépendance, sous la protection du roi d'Athènes, et termina par une paix honorable, une guerre cruelle et désastreuse. La magnanimité du prince le fit triompher une seconde fois de Proclès, et d'une manière bien plus flatteuse pour son cœur.

Le sénat de l'île ayant appris ce qui se passait au camp, vint en corps au-devant du prince pour le prier d'honorer la ville de sa présence. Le peuple accourut en foule pour voir le héros; il l'appelait son bienfaiteur, son père! Les femmes, les enfans, jetaient des fleurs sur son passage; de douces larmes coulaient de tous les yeux. Télamon trouva dans le bonheur de ce bon peuple qu'il est une gloire plus vraie pour un grand cœur que celle des combats; il en jouit avec volupté, et s'éloigna à regret de cette île pour recommencer la guerre.

CHAPITRE XV.

Avide de gloire, Télamon porta ses vues sur quelques îles nouvellement conquises par les Spartiates, et où ils avaient mis des gouverneurs. Pour rendre cette expédition aussi heureuse qu'il le désirait, le prince remplaça les officiers morts glorieusement à l'attaque de Sériphe, par les soldats qui s'étaient distingués dans cette occasion; les simples officiers devinrent généraux; chacun eut sa part d'éloges et de récompenses : c'est ainsi que ce chef habile se faisait adorer des soldats, c'est ainsi qu'en excitant leur émulation, il formait une pépinière de héros. Sûr du mérite, de la valeur des chefs de son armée et de leur dévouement, le prince marcha avec confiance vers les îles qu'il voulait soumettre.

Bientôt *Siphnos*, *Mélos*, *Ios*, tom=

bèrent en son pouvoir, et prêtèrent
entre ses mains serment de fidélité au
roi d'Athènes. *Paros* restait encore à
conquérir dans ces mers ; le prince fit
ses dispositions pour s'en rendre maître
promptement, et exécuter ensuite les
grandes et mémorables entreprises,
qu'il roulait depuis long-temps dans sa
tête ; mais ses ennemis, toujours vigi-
lans, l'attendaient dans cette île funeste ; ils voulaient, en tranchant les
jours du héros, le punir de ses succès
et arrêter sa marche victorieuse : son
bonheur accoutumé le sauva encore de
leurs mains perfides.

Il y avait dans l'armée du prince un
corps de troupes, composé d'hommes
de toutes nations, levés à la hâte au
moment du départ. Ces recrues, d'une
fidélité très-suspecte, n'avaient point
de service auprès de la personne du
général en chef ; cependant, Télamon
ayant couru plusieurs fois des périls
que sa vaillance et son courage mépri-

saient, l'armée les leur attribua et les vit de mauvais œil. Un événement singulier apprit enfin à connaître ces hommes dangereux.

Le gouverneur qui commandait dans l'île de Paros pour les Spartiates, vint recevoir les troupes athéniennes, à la tête de sept à huit mille hommes. Télamon surpris, mais non intimidé du nombre et de la discipline de ces insulaires, redoubla, pour les vaincre, de valeur et de courage. L'attaque et la défense furent égales des deux côtés. Télamon, animant les siens, se battit comme un lion. Déjà son épée s'était rompue entre ses mains après avoir donné la mort à plus de cent des insulaires ; la jeunesse athénienne, irritée de tant de résistance, n'écoutait plus la voix de ses chefs, et se jetait dans les rangs ennemis, pour se saisir des principaux officiers, et terminer enfin un combat dont l'issue l'inquiétait. L'ardeur aveugle de cette pétu-

lente jeunesse allait peut-être lui devenir fatale, quand on vint dire à Télamon qu'un soldat athénien mettait le
feu à ses vaisseaux. Le prince regarda
du côté de la mer; il vit la flamme qui
s'élevait en tourbillons et montait jusqu'aux nues : « Nous sommes trahis !
s'écria-t-il, en montrant aux siens l'horrible embrâsement. Vous , dit-il à
quelques soldats, courez au rivage, et
tâchez, s'il est possible, d'éteindre le
feu ; et vous, ajouta-t-il en s'adressant
aux autres, songez qu'il faut à présent
vaincre ou mourir. On arrêta les progrès du feu; la flotte fut sauvée. Cette
circonstance, fâcheuse en apparence,
décida du sort de la bataille : les Athéniens, qui croyaient n'avoir plus de
ressource que dans leur courage, se
surpassèrent eux-mêmes. La présence
d'esprit, la valeur extraordinaire, et
l'intrépidité du général se communi-
quant à toute l'armée, elle arracha à
l'ennemi la victoire qu'il était près

d'obtenir : il laissa cinq mille hommes sur le champ de bataille , du nombre desquels était le gouverneur spartiate ; le reste posa les armes. Les Athéniens, que la mort avait paru respecter , ne perdirent que deux cents hommes.

Le combat ayant fini à la nuit close, il fallut remettre au lendemain l'attaque de la ville. Télamon se retira excédé de fatigue ; il voulait prendre un peu de repos avant la journée laborieuse à laquelle on se préparait. Lorsqu'il entra dans sa tente , un assassin lui donna par-derrière un coup de poignard au défaut de la cuirasse ; heureusement le poignard ayant glissé , ne frappa que l'armure. Télamon , surpris de l'attaque , se retourna aussitôt ; mais il ne vit personne : l'assassin avait eu le temps de se cacher. Cet attentat , joint à l'incendie de la flotte attribué à un Athénien , fit enfin ouvrir les yeux aux officiers supérieurs ; ils virent avec effroi que les jours de leur général chéri couraient les plus grands dangers, et ils se chargèrent de veiller eux-mêmes à sa conservation.

Télamon conquit l'île de Paros par la force ; il fut obligé pour s'emparer de la ville, de la prendre d'assaut. En parcourant ces tristes lieux, afin d'arrêter la fureur du soldat, le prince arriva près d'une maison ouverte de toutes parts ; deux femmes assises à la porte et gardées à vue se désolaient. Un soldat, fouillant dans le jardin, avait découvert des pièces d'or, un vase de prix et des bijoux ; il voulait s'approprier ces richesses ; ses camarades prétendaient en avoir leur part, et que le sort décidât des femmes. Le général, instruit du sujet de leur débat, prit les deux femmes sous sa protection, et se fit apporter la cassette qui renfermait les effets précieux. Il estima l'or et les bijoux bien au-dessus de leur valeur, en donna l'argent aux soldats ; ensuite il s'informa du propriétaire de

la maison et du petit trésor. L'insu-
laire que le prince interrogea lui dit,
que le maître de ce petit domaine,
fils d'une des femmes présentes et frère
de l'autre, était un jeune soldat,
nommé Alcas, d'un caractère sombre
et farouche ; qu'insensible à l'amitié,
aux liens du sang, cet homme se livrait sans frein à ses penchans déré-
glés ; qu'étant sans principes, on le
trouvait toujours disposé à prêter sa
main pour une mauvaise action lorsqu'il y voyait un profit à faire. « Quel
odieux portrait ! » s'écria le jeune
héros, dont le cœur honnête se sou-
levait à la seule idée du crime ; « Mais,
ajouta Télamon, quand Alcas serait
pire encore, s'il était possible, il n'en
est pas moins vrai que sa mère, sa
sœur, sa cassette et ce qui est dedans
lui appartiennent ; qu'il paraisse donc ;
qu'il s'adresse à moi, et je lui rendrai
sa famille et sa petite fortune. » —
« Seigneur, dit alors Télècle, mère

d'Alcas, mon fils est parti pour Athènes, il y a dix-huit mois ; il voulait servir sous vos ordres ; j'attends en tremblant de ses nouvelles : je ne sais si je dois pleurer sa vie ou sa mort. »

Au bout de trois jours, on amène Alcas au général ; quatre soldats le font marcher de force ; il est pâle, défait. Arrivé devant Télamon, il tombe à ses pieds presque sans sentiment. Le général, étonné, demande ce qu'a fait ce malheureux ? « C'est Alcas, répond un des soldats.— Pourquoi le traîner devant moi comme un criminel ? — Il ne voulait pas nous suivre : nous l'avons trouvé caché dans une étable, sous la litière du bétail. — Alcas, vous êtes dans mon armée et vous redoutez ainsi ma présence ? Suis-je donc si terrible ! prenez une idée plus juste de votre général : vainqueur, j'ai protégé les habitans de Paros ; votre maison eût été préservée du pillage si je fusse arrivé assez à temps pour l'en garantir ; mais, ajouta le prince, en faisant avancer Télècle et Myrsile, voici votre mère et votre sœur que je remets entre vos mains ; elles ont été respectées ; prenez aussi cette cassette qui est à vous ; elle est telle que vous l'avez laissée. »

A la vue de Télècle et de Myrsile, dont les mains jointes, la figure rayonnante d'une douce joie attestaient les sentimens de leurs cœurs et l'étonnante bonté du général ; à la vue de la cassette qui renfermait tout ce qu'il avait au monde, Alcas, comme accablé sous le poids des sensations les plus pénibles, laissa tomber sa tête sur sa poitrine sans proférer une seule parole ; puis regardant Télamon avec des yeux hagards, il voulut s'enfuir. On le retint. Le général, persuadé qu'il avait perdu la tête, lui parla avec douceur, avec bienveillance, Alcas, hors de lui, leva au ciel des yeux remplis de larmes ; puis, se jetant avec précipitation aux pieds du prince, il s'écria au milieu de mille sanglots : « Général, votre bonté me tut!.... j'en suis indigne !.... vous me rendez ma mère, ma sœur, mes richesses, quand, séduit par l'or de Mnesthée, je me suis enrôlé pour vous trahir.... quand.... j'ai voulu vous arracher la vie !.... hier au soir.... » Le malheureux, suffoqué par ses larmes, ne put achever ; il tomba par terre sans mouvement.

L'aveu d'un si grand crime fit frémir tous ceux qui étaient présens et les remplit d'épouvante. Chacun exprima sa surprise et l'horreur dont il était saisi, selon l'intérêt plus ou moins vif qu'il prenait au général ou au coupable. La mère et la sœur d'Alcas s'évanouirent. Un murmure confus s'éleva autour de Télamon ; on entendit ces mots : C'est un monstre ! il faut qu'il meure !

Pendant cette scène, le prince restait immobile et plongé dans la méditation ; il réfléchissait à la perfidie de ses ennemis, qui le poursuivait dans tous les coins du globe. Cette haine active et soutenue l'affecta vivement, mais sans altérer la beauté de son ame toujours portée à la clémence : « Malheureux, dit-il à Alcas, que t'avais-je fait pour me donner la mort ! mais je te pardonne, *tu n'es pas Athénien....* Va, pauvre insensé, ajouta-t-il, deviens meilleur, et les remords te serviront de châtiment. » En achevant ces mots, le général, portant la générosité jusqu'à l'héroïsme, fit remettre à Alcas la cassette qui renfermait l'or que ce traître avait reçu pour l'assassiner ; ensuite il s'éloigna, ordonnant à ses gardes d'en faire de même. Le prince fit rayer ce traître de la liste de ses soldats, et défendit qu'à l'avenir on prononçât son nom devant lui.

CHAPITRE XVI.

Plein de clémence lorsqu'on s'atta-
quait à sa personne, Télamon était
inexorable quand il s'agissait du salut
de la patrie. Les recherches exactes
qu'il fit faire pour s'assurer de ceux
qui avaient mis le feu aux vaisseaux,
lui firent découvrir dans ses recrues
des hommes chargés de crimes, et
achetés à grands frais par ses ennemis
à dessein de le faire périr. Alcas, re-
pentant, dénonça plusieurs de ses com-
plices, enrôlés comme lui dans les
troupes athéniennes pour attenter à la
vie du général et incendier la flotte.
Le prince fit savoir à ces recrues qu'elles
eussent à s'assembler dans une plaine
qu'il leur indiqua. Il s'y rendit ensuite et les fit envelopper. Il exigea
qu'on nommât les auteurs de l'incendie
des vaisseaux. Les soldats, tremblans,

ne les eurent pas plutôt nommés, que
le prince ordonna qu'ils fussent mis à
mort, afin d'arrêter par un exemple
sévère ceux qui seraient tentés de trahir
la patrie.

Un jeune soldat athénien, âgé de
seize ans, beau comme un ange, ayant
su que son père était du nombre de
ceux qui allaient périr, vint se jeter aux
pieds du général pour lui demander la
grâce de mourir à sa place. Ce père
coupable, tremblant pour son fils, le
conjure de se retirer; il demande la
mort comme une faveur, et prie le général de hâter la terrible exécution.
Le prince ordonne qu'on emmène le
jeune soldat. Les gardes obéissent;
mais il leur échappe, rejoint son père,
le tient étroitement embrassé, et, fon-
dant en larmes, il jure que le même
coup les fera mourir. Touché de la
tendresse de ce bon fils, Télamon
voulut mettre son cœur à une plus rude
épreuve : il parle bas à un officier, aus-

sitôt les soldats font mettre à genoux ceux qui avaient mérité la mort ; le jeune homme s'y met aussi malgré les larmes et les prières de son père ; son visage ne montre aucune altéra-tion ; il a les mains et les yeux levés vers le ciel ; il remet aux Dieux sa vie innocente et pure comme ils la lui ont donnée. Enfin, la troupe se range ; les arcs sont tendus, on couche en joue les criminels, la flèche va partir, quand, d'un mouvement spontané, toute l'armée, émue, crie : Grâce, grâce! L'arc tombe de la main du soldat : l'attendrissement est général : on n'entend que des gé-missemens et des pleurs. Le prince, enchanté de pouvoir sauver le père de cet intéressant jeune homme, fit grâce de bon cœur aux autres coupables. Il se chargea de l'avancement de ce bon fils ; l'instruisit par son exemple dans l'art de la guerre ; et, secondant la na-ture, il lui ouvrit le chemin de la for-tune et celui de la gloire.

C'est ainsi que par sa vigilance, le prince arrêta les complots formés contre sa vie : une fois découverts, les mal-intentionnés n'osèrent plus rien tenter pour lui nuire : sa sévérité retint les plus indomptables dans le devoir, et sa clémence lui gagna le cœur des autres.

Ces quatre îles étant soumises, Télamon envoya ceux qui y commandaient apprendre à Sparte leur défaite et ses victoires. Avant de quitter Paros, le prince fit dresser deux autels, l'un à Mars, et l'autre à Hercule ; il voulait, par des sacrifices, rendre honneur aux Dieux qui donnent la victoire, et leur faire hommage de ses trophées. Des jeux succédèrent aux cérémonies religieuses ; ensuite Télamon fit partir le fidèle Celcéus, pour instruire le peuple d'Athènes de ses nouvelles conquêtes, demander des troupes fraîches, et prendre ses ordres.

Le favori du prince ayant paru dans

l'auguste assemblée, parla ainsi : « Athéniens, vos troupes, commandées par
mon invincible maître, ont châtié les
Eginètes, confirmé l'indépendance des
peuples de l'île Sériphe, enlevé aux
Spartiates les îles qu'ils possédaient
dans la mer Égée, et porté la gloire
d'Athènes dans des parages où jamais
nos vaisseaux n'avaient osé paraître.
Le même génie qui a éteint les dis-
cordes civiles et préservé la ville des
horreurs de l'anarchie, vient encore
de faire respecter votre nom et d'ajouter à sa grandeur. Pour tant de services, notre illustre général ne demande
que la faveur d'être continué dans son
grade, d'obtenir du peuple les moyens
d'assurer ses conquêtes, et d'abaisser
l'orgueil de Sparte, en élevant la puissance d'Athènes au plus haut point où
elle puisse parvenir. »

Le discours de Celcéus parut à plusieurs personnes dicté par un enthousiasme aveugle ; mais on le lui pardonna

en faveur des nouvelles satisfaisantes
qu'il apportait. Mnesthée le releva
avec aigreur ; il fit remarquer au peuple
que Celcéus, créature de Télamon et
confident de ses pensées, s'exprimait
avec une arrogance peu respectueuse ;
que cette audace lui venait sans doute
des hautes prétentions de celui dont
il était l'organe ; que le désintéressement tant vanté du prince cachait une
ambition coupable, et que pour prévenir les suites que pouvait avoir
son astucieuse politique, il fallait le
rappeler.

Le peuple d'Athènes ne se hâta pas
de prononcer sur une affaire de cette
importance ; cependant on retint Celcéus ; ce jeune homme eut ordre de ne
pas sortir de la ville ; il lui fut même
défendu de communiquer avec son
maître par écrit ou autrement, jusqu'à ce qu'il en eût reçu la permission.

Encouragé par ses succès, et insatiable de gloire, Télamon ne vit plus

rien d'impossible à sa rare valeur. Il jeta les yeux au-delà des mers pour y porter ses armes. Son dessein était de franchir l'espace qui sépare l'Europe de l'Asie, et de rendre par là son nom célèbre. Il résolut d'aller à Millet, afin d'affranchir cette colonie grecque, riche et commerçante, du joug des Perses, de la mettre sous la puissance d'Athènes, et de donner à sa patrie une supériorité marquée sur les autres peuples par son opulence et son étendue, comme elle l'avait par ses lumières et sa politesse. Ce projet était d'autant plus hardi que, jusqu'alors, les Grecs n'avaient encore fait aucune expédition lointaine, et qu'ils s'étaient bornés à longer les côtes.

Le jeune héros invita les villes conquises et les peuples avec lesquels il avait fait des alliances, à envoyer des députés à Sériphe, pour y délibérer sur leurs communs intérêts. Il n'attendit pas les ordres d'Athènes, trop

lents à venir au gré de son impatience;
il se rendit à l'île indiquée pour le
rendez-vous, où Proclès le reçut
comme un ami et un bienfaiteur.

Les députés des villes conquises et
ceux des alliés s'étant réunis à Sériphe,
le prince se servit avec tant d'art de
l'éloquence entraînante dont la nature
l'avait doué, qu'il obtint des premiers
des dédommagemens considérables
pour les frais de la guerre. Les autres
s'engagèrent, au nom de leurs souve-
rains, à donner des secours à Athènes
lorsqu'ils en seraient requis, et de ne
pas souffrir qu'en temps de paix leurs
troupes approchassent du port à plus
de trois lieues de distance. Ces traités
furent signés des députés présens au
nom de leurs maîtres; ils s'obligèrent
solidairement à les maintenir, quels
que pussent être les événemens ulté-
rieurs, et sans que l'on pût alléguer
pour les rendre nuls la prison du roi
d'Athènes, duquel lesdits princes re-

connaissaient l'expression de la volonté dans les paroles pleines de sagesse
de son général, chargé par le sénat et
le peuple d'Athènes de pouvoirs suf-
fisans pour terminer cette négociation.

Le prince dépêcha Témène, un de
ses officiers, à Athènes avec ces pièces
importantes. On admira la politique
profonde du jeune guerrier, aussi utile
à la nation que ses talens militaires.
Ces traités si avantageux, si honorables
pour la nation, et qui proclamaient
la pureté des vues du prince d'une manière irrécusable, furent reçus du peuple
avec enthousiasme. On oublia le discours hautain de Celcéus; et ce favori,
recherché, caressé de tout le monde,
fut libre alors d'aller retrouver son
maître. Stéphanie, l'ayant vu secrètement, lui donna pour le prince des avis
fort sages, mais que ce jeune téméraire
rejeta comme tout-à-fait hors de saison : le jour de la prospérité l'éblouissait ; il ne voyait pas l'envie qui, dans

l'ombre, aiguisait ses poignards pour lui percer le sein à la première faute qu'il allait faire.

Pour témoigner la joie publique, on donna des fêtes à Athènes : les temples s'ouvrirent; le sang des victimes coula sur l'autel des dieux; et, par des chants d'allégresse, on célébra les victoires mémorables remportées par les armées athéniennes, commandées par le héros que Minerve, protectrice du royaume, avait donné à son peuple pour le soutenir, prendre sa défense, et augmenter sa gloire pendant l'absence du plus vertueux des rois.

Animé par le patriotisme, le peuple d'Athènes n'eut en ce jour qu'une voix, qu'un cœur. Les factieux se turent; tous les partis se réunirent pour former un concert de louanges en faveur du héros : les royalistes, persuadés de sa fidélité, le portaient aux nues; ceux qui voulaient la république, se flattant qu'il travaillait à l'établir,

faisaient retentir l'air de leurs cris d'allégresse ; Mnesthée même fut obligé
de déguiser sa haine et d'applaudir
son ennemi. Il laissa un libre cours à
cette faveur populaire qu'il eût été
dangereux d'arrêter ; mais, faisant fond
sur l'inconstance des Athéniens, il
promit intérieurement de se venger
avec usure de celui qui lui arrachait
des éloges, quand il eût voulu, en l'ac-
cablant de sa puissance, anéantir dans
Athènes jusqu'à son souvenir,

CHAPITRE XVII.

Lorsque les réjouissances furent terminées, Témène, envoyé à Athènes par le prince, insista pour avoir une réponse positive. Le peuple délibéra mûrement sur ses propositions : les avis furent partagés : les Athéniens, passionnés pour la patrie, ne voyant dans celui qui en augmentait la gloire, qu'un jeune héros chéri de la fortune et favorisé des dieux, opinèrent en sa faveur et furent d'avis de le seconder dans ses entreprises hasardeuses. Ceux, au contraire, dont les triomphes du prince éveillaient la basse jalousie, ou qui étaient dévoués à Sparte, et ceux, en plus grand nombre encore, qu'une longue expérience rendait craintifs quand il s'agissait du salut de l'Etat, désapprouvèrent hautement une prolongation de guerre qui pouvait être fatale à Athènes, en lui suscitant de nouveaux ennemis dans un temps où la paix lui était si nécessaire. Mnesthée saisit avidement cette pensée; il représenta avec art que ces nouvelles conquêtes étaient plus préjudiciables qu'utiles à Athènes; il peignit Télamon comme un jeune insensé, plein de lui-même et sourd à la voix de la prudence; fit naître des doutes sur son désintéressement, et finit par s'opposer à l'envoi des secours qu'il demandait.

Thessandre, le plus jeune des magistrats, indigné de voir suspecter la grandeur d'ame du vaillant général, prit son parti avec chaleur : il exalta ses qualités brillantes, loua sa bravoure, et même son audace qui faisaient trembler Sparte. Il montra les ressources immenses d'Athènes, son opulence, ses forces, son patriotisme, qui la mettaient au-dessus de la crainte; ensuite, apostrophant Mnesthée, il lui

fit un crime d'attribuer au général
vainqueur des desseins ambitieux ; de
diminuer sa gloire en rabaissant l'éclat
de ses conquêtes et leur utilité : « Au-
» riez-vous tenu ce langage , s'écria-t-
» il , si ce fût Ménès qui eût illustré
» son règne en reculant les bornes de
» ses Etats ? Auriez-vous blâmé votre
» souverain s'il eût acquis à Athènes ,
» comme Télamon, une influence aussi
» décidée dans la balance politique ?
» Non certes..... vos reproches sont
» donc pour le moins très-injustes :
» ils ne sont fondés que sur la pré-
» vention et la haine. Sparte, qui dicte
» vos discours, vous a transmis son
» arrogance et sa rage impuissante :
» plus elle voit de grandeur et d'élé-
» vation dans le chef de nos armées ,
» plus elle se croit intéressée à ternir
» sa gloire..... Des hommes qui n'atta-
» chent de prix à leur existence qu'au-
» tant qu'elle peut être un fléau pour
» le genre humain, ne doivent pas en-

» censer celui qui fait l'admiration de
» l'univers. On sait trop que les Spar-
» tiates ne respectent ni principes, ni
» lois; que tous moyens leur sont éga-
» lement bons pour assurer le succès
» de leurs trames : la violation des
» traités, le parjure, la trahison, sont
» les armes dont ils se servent pour
» étendre leur empire ; leur politique
» abominable les rend en horreur à
» toute la Grèce, dont ils dévorent les
» fruits et enchaînent la liberté. Notre
» gloire militaire fait leur supplice ;
» ils nous envient nos arts, les richesses
» de notre sol, et jusqu'à nos vertus.
» Réduits par leur insatiable ambition
» à un état déplorable, notre fermeté
» courageuse les irrite. Près de tom-
» ber eux-mêmes dans l'abîme qu'ils
» creusent sous leurs pas, notre mal-
» heur les comble de joie : nos souf-
» frances charment leurs maux ; et
» notre abaissement, notre ruine, s'ils
» pouvaient la consommer, en satis-

» faisant leur vengeance et leur or-
» gueil, serait pour eux le triomphe
» le plus flatteur. Ce gouvernement
» astucieux et perfide alimente les feux
» de la guerre parmi les nations, et
» sème la discorde entre les citoyens :
» il usurpe et asservit ; il insulte et
» corrompt ; il trompe et commande ;
» il effraie les faibles par ses menaces,
» enchaîne les forts en favorisant leurs
» passions ; et ses agens, pour secon-
» der sa perfidie, jettent de la défa-
» veur sur les opérations du chef ha-
» bile qu'il redoute. »

Ce discours plein de hardiesse étonna Mnesthée ; trop adroit politique pour laisser apercevoir ce qui se passait dans son ame, il sut se contraindre et dissimuler. Les amis du prince, reprenant courage, louèrent sa fidélité à son roi et son amour excessif pour la patrie ; amour qui, peut-être, avait emporté un peu trop loin son ardeur guerrière, mais que le succès semblait

justifier. Ils opinèrent pour l'envoi
d'un secours et la continuation de la
guerre, afin de faire rentrer sous la
puissance d'Athènes les colonies qui
avaient secoué le joug. L'assemblée entière, cédant à l'intérêt de la patrie,
décréta que Télamon continuerait la
guerre et qu'on lui enverrait des troupes
et de l'argent. Mnesthée, tout en frémissant de colère, affecta de paraître
convaincu, dans cette circonstance, de
la sagesse de cette décision, et il unit
son vote à celui de la majorité. La voix
publique sanctionna ce décret avec
transport, et Athènes fit des efforts
incroyables pour fournir à ce nouvel
armement. Lorsque tout fut prêt, Témène, accompagné de l'élite de la jeunesse athénienne, se rendit au camp
avec des provisions de toute espèce.

Jaloux de la gloire militaire de Télamon, Mnesthée fut blessé dans son
orgueil des éloges qu'on prodiguait à
ce jeune général ; voyant le parti de

son rival l'emporter dans l'assemblée
du peuple, il résolut de s'en venger.
Parmi les officiers de nouvelle recrue,
il mêla quelques hommes dont il était
sûr, qui devaient, par d'insinuantes
flatteries ou par trahison, conduire le
prince à sa perte en l'engageant dans
de fausses démarches.

Les conquêtes que venait de faire
Télamon plaisaient au peuple et aux
magistrats, qui voyaient avec joie reculer les frontières et étendre la puissance d'Athènes; mais elles irritèrent
les rois voisins. Les villes du Péloponèse envoyèrent des ambassadeurs à
Athènes, pour décider le peuple à rappeler Télamon : elles ne purent rien
obtenir. Dans le même temps, Sparte
dépêcha à Cléopompe, roi de Thessalie, d'habiles négociateurs pour qu'il
engageât le roi prisonnier à désapprouver la conduite du prince. Mnesthée appuya leurs réclamations. Il fit
dire secrètement à Ménès que Sparte,

satisfaite par cette condescendance, ne mettrait plus d'obstacle à son retour dans ses Etats.... Mais en tenant ce langage il trompait son souverain ; cet homme ambitieux ne souhaitait point la délivrance de son roi : le retour de Ménès eût détruit toutes ses espérances ; il ne voulait qu'humilier son rival.

Ménès, aussi grand dans le malheur qu'au sein de la prospérité, refusa de briser ses fers aux dépens de la gloire des Athéniens. Ce prince dépêcha Chémis au peuple d'Athènes avec sa réponse. « Le roi, dit cet officier, loin d'accéder aux propositions qui lui sont faites, remercie le peuple de sa résistance. Ménès se regarde comme le chef d'hommes libres, et non comme le maître absolu d'une troupe d'esclaves. Comptable du bonheur des Athéniens, sa gloire est dans la prospérité de la patrie ; tout acte de faiblesse qui aurait pour but son bonheur personnel serait désavoué par lui, comme étant contraire à la dignité , à la gloire de la nation, laquelle doit être préférée à tout. L'honneur ne permet pas de céder les conquêtes que Téla-mon a faites : elles sont le prix du sang de ses braves et généreux conci-toyens : tel est son sentiment. Quant aux opérations ultérieures, le roi laisse le sénat et le peuple maîtres de décider ce qui est contraire ou avantageux à Athènes ; comme leur chef , et n'ayant avec eux qu'une même volonté, qu'un même désir , il ratifiera aveuglément ce qu'ils auront arrêté à cet égard. »

Les amis de Lacédémone furent très-mécontens de cette réponse ; ne pouvant rien obtenir ni du peuple d'A-thènes, ni du roi, ils essayèrent de gagner le jeune prince.

Sparte dépêcha Sagoras à Télamon, sous prétexte d'entrer en accommo-dement, et de travailler à l'échange

des prisonniers , mais en effet pour le
corrompre s'il était possible. Ce Spartiate lui fit des offres magnifiques s'il
voulait abandonner la cause d'Athènes;
mais le noble prince les rejeta avec indignation , en disant comme un autre
personnage célèbre : « *Qu'il n'y avait
pas assez d'or , ni sous le soleil , ni
dans les entrailles de la terre , pour
obliger un Athénien à le préférer à
sa patrie.* » L'envoyé de Sparte crut ,
en flattant l'ambition du jeune conquérant , ébranler sa vertu : il lui fit
entendre que Sparte était disposée à
le reconnaître roi des pays qu'il venait de conquérir sur la république ;
Télamon sourit en entendant ce discours. « Si , répondit - il à l'agent
de Sparte , j'eusse été capable d'oublier mon devoir à ce point , je n'aurais pas attendu qu'on vînt m'offrir
ce que je pouvais m'approprier. Sagoras , ajouta le prince en élevant la
voix , mon ambition est de rendre ma

patrie heureuse et florissante ; sur-tout
de la faire respecter de ses voisins....
Je n'en ai point d'autre. Reportez ces
paroles à ceux qui vous envoient, et
qu'ils apprennent à connaître Télamon. » Cette fière contenance du prince
lui attira, de la part de Sparte, une
haine qui, dans la suite, causa tous ses
malheurs.

~~~~~~

CHAPITRE XVIII.

Sur ces entrefaites, Témène arriva
au camp avec le renfort que Télamon
avait demandé. Aussitôt le prince assembla son conseil ; on y arrêta, que
d'après les ordres qu'on venait de recevoir, on continuerait de soumettre
les îles qui s'étaient séparées de la métropole pour se donner à la république
de Sparte. Peu de jours suffirent pour
se disposer au départ. Bientôt My-
cone fut prise d'assaut, et Délos ré-
duite en cendres. Dans ces deux conquêtes, Télamon fit des prodiges de
valeur : le trépas suivait ses étendarts ;
des torrens de sang inondaient les
plaines. Ces fiers insulaires, forcés de
combattre, et préférant la mort à la
fuite (ils étaient Athéniens), se jetaient comme des lions au-devant des
~~~~~~

coups de leurs ennemis, et se faisaient tous massacrer...... De telles victoires coûtaient des larmes au jeune prince, aussi humain que valeureux ; mais après avoir employé dans des négociations franches, les représentations et les promesses pour faire rentrer ces peuples dans le devoir ; après avoir laissé aux gouverneurs spartiates tout le temps nécessaire pour prendre un parti, le prince ne gardait plus de ménagement ; il aurait cru, en agissant avec lenteur, trahir sa patrie et compromettre le sort de son armée.

La vengeance d'Athènes et les victoires rapides de Télamon, effrayèrent ceux qui s'étaient mis sous la protection de Sparte ; les îles rebelles se crurent perdues ; Naxos, où le prince débarqua ses troupes, n'osa pas faire résistance ; le gouverneur lacédémonien qui y commandait, repassa la mer avant l'arrivée de Télamon, et l'île rentra avec joie sous la domination d'Athènes.

En quittant Naxos , le prince poursuivit ses conquêtes et fut partout
vainqueur. Pathmos s'étant rendue ,
l'armée prit dans cette île un peu de
repos , tandis qu'on réparait la flotte
qui était fort endommagée.

Pendant son séjour dans l'île , Télamon envoya à Athènes le journal de
ses opérations militaires ; il demanda
des récompenses pour les officiers qui
avaient contribué au succès de ses
armes ; lui-même couronna les soldats
dont la valeur méritait un encoura-
gement. Il les nommait tous dans le
compte qu'il rendait au sénat ; l'armée
entière était l'objet de ses éloges ;
mais il ne disait rien qui eût rapport
à lui , ne voulant pour sa part que
l'honneur d'avoir vaincu à la tête de
ses braves.

Lorsque Télamon eut terminé ses
dépêches , il donna un repas splen-
dide , où furent admis, sans distinction
de rang, tous les guerriers qui s'étaient

fait remarquer dans cette campagne par une action d'éclat. La tente où l'on avait dressé les tables couvrait le rivage ; elle était ouverte de toutes parts ; les vainqueurs, couronnés, furent proclamés à haute voix par les chefs, qui buvaient à la ronde à la prospérité d'Athènes. Les soldats, qui environnaient la tente, répétaient avec enthousiasme les noms de leurs camarades ; ils se promettaient de mériter un jour le même honneur par les plus nobles efforts ; ils élevaient au ciel le grand général qui doublait leur énergie par l'appas d'une récompense mille fois plus flatteuse que l'or, celle de la considération due au mérite ; récompense qui, rappelant l'homme à sa dignité première, le rend capable des actions les plus sublimes.

Télamon, dont la tête était échauffée par les éloges qu'il recevait, autant que par les vins exquis prodigués à sa table, déclara son dessein d'étendre ses conquêtes sur les côtes de l'Asie mineure. Les anciens officiers, disposés comme lui à la franchise, le blâmèrent unanimement ; ils ne craignirent pas de taxer son projet de folie. Quoi, disaient-ils, une poignée de Grecs irait affronter les périls d'une mer inconnue, pour aller attaquer, dans une autre partie du monde, une puissance colossale, dont les richesses et les ressources en tout genre sont inépuisables !.... Les vastes projets, ajoutaient-ils, honorent le génie, mais ils ne sont d'aucune gloire lorsqu'ils n'ont pas un but utile, et que leur exécution n'est pas compatible avec la faible humanité. Pour défendre son territoire, l'Athénien ne compte pas ses ennemis ; mais ce serait une haute imprudence de ne pas calculer toutes les chances dans une entreprise hasardeuse, téméraire même, dont le succès est plus que douteux.

Celcéus parla dans le même sens. Il lui fut aisé de voir que cette auda-

cieuse expédition plaisait par ses obstacles même au bouillant courage de
son maître, et il essaya de combattre
une passion par une autre : il lui représenta que la guerre d'Asie le sépa-
rerait peut-être pour toujours de
Gemma ; mais le prince parut faible-
ment touché de cette considération :
que pouvait Gemma absente sur ce
cœur ambitieux, lorsque la gloire le
remplissait tout entier ! Il répondit à
Celcéus que la princesse était encore
très-jeune ; et, qu'avant de l'obtenir
de son père, il voulait devenir si grand,
qu'aucun monarque n'osât la lui disputer.

Lorsque le prince fut seul avec son
favori, il lui donna des ordres secrets ;
et, résolu de suivre le plan qu'il avait
formé, il le fit partir pour l'île de Salamine : Celcéus devait veiller dans cette
cour aux intérêts du prince, et lui faire
savoir exactement tout ce qui s'y passerait.

(140)

Télamon , ayant réfléchi de sang-
froid à la terrible responsabilité qui
peserait sur sa tête si les événemens
ne répondaient pas à ses espérances ,
sentit son courage chanceler ; il lui en
coûtait beaucoup cependant de renoncer à celte perspective de gloire
qui devait le rendre célèbre, en plaçant
son nom parmi ceux qui avaient illustré
leurs pays. Le moment était favorable ;
s'il le laissait échapper, il ne le retrou-
verait plus ; d'ailleurs, de si importans
services fermeraient la bouche à ses ennemis ; Télamon n'avait pas de moyens
plus sûrs , plus dignes de sa grande
ame , de se venger de leurs injustices
et de prouver à Ménès la malignité de
leurs calomnieuses imputations ; enfin,
s'écria-t-il, en se parlant à lui-même,
tout dépend du succès : faisons en sorte
que cette expédition hardie tourne à
l'avantage d'Athènes ; et, la témérité
que l'on blâme en moi en ce jour ,
sera alors mon plus beau titre de gloire,

Quoiqu'il en soit, le prince désirait rassurer les esprits fortement prévenus contre son entreprise ; il ordonna des sacrifices à Minerve, patrone d'Athènes, à Jupiter, à Mars, à la Victoire : on immola sur les autels de ces divinités un grand nombre de taureaux sans taches et de génisses blanches comme la neige. Les aruspices ayant consulté les entrailles des victimes, déclarèrent que les Dieux désapprouvaient les conquêtes projetées.

Contrarié dans ses vues, le prince voulut savoir si les augures lui seraient plus favorables ; par son ordre, un devin monta sur une éminence, revêtu de la robe augurale, et portant en main une bâton courbé ; il traça dans l'air un espace qui prit le nom de *Temple :* mais les oiseaux qui se rencontrèrent en volant dans cette enceinte n'annoncèrent que des malheurs. On remarqua, en outre, que les poulets sacrés refusaient le grain qu'on mettait devant eux. Dans le même temps, on vit des éclairs du côté gauche, et la foudre éclata dans cette partie du ciel : tous ces présages sinistres portèrent dans l'armée la consternation et le découragement. Le prince seul feignit de n'y attacher aucune importance, et il persista dans ses desseins : l'amour de ses soldats et les troupes fraîches qui venaient encore de lui arriver, lui promettaient la victoire, et le mettaient au-dessus des vaines terreurs de la superstition. En conséquence, il signifia ses dernières et irrévocables volontés, et donna ses ordres pour le départ. Samos fut le lieu du rendez-vous de la flotte. Cette île une fois conquise, devait servir de retraite en cas d'événement, et de plus, fournir à l'armée avant sa descente sur la côte d'Asie, les munitions et les vivres dont elle aurait besoin.

Exempt de crainte pour lui-même

par son caractère plein de force, Télamon n'était pas sans inquiétude pour
l'armée confiée à ses soins. L'agitation
de ses esprits, qui le suivait jusque
dans son sommeil, lui présentait quelquefois des images fantastiques propres
à effrayer les moins superstitieux, et
bien capables de faire impression sur
un jeune prince instruit de bonne
heure à respecter les voies mystérieuses
des Dieux, parmi lesquelles les songes
tenaient le premier rang.

Une nuit entr'autres, Télamon s'imagina être dans une plaine immense.
Le démon de la guerre, sous la forme
d'un génie tout resplendissant de
gloire, présenta à ses yeux des couronnes, des chars de triomphe ; il lui
fit voir des rois à genoux qui imploraient sa clémence, et des peuples qui
lui érigeaient des temples ; lui-même,
prenant une stature colossale, s'éleva
à une telle hauteur, qu'il dominait sur
le reste du monde, dont tous les êtres

semblaient à ses yeux de vils atomes...
A cette élévation soudaine, un sentiment d'orgueil remplit son cœur : il
se crut plus qu'un mortel ; et se con-
templait lui-même, attribuant à son
rare mérite les faveurs de la fortune.
Tout-à-coup le tonnerre se fait entendre, les éclairs brillent, la scène
change. Les furies, armées d'un fouet
vengeur prennent la place du génie ;
elles lui montrent ses couronnes gar-
nies de pointes aiguës, dégoûtantes de
sang, entourées de vipères, et ses chars
de triomphes remplis de morts.... Le
prince est saisi d'épouvante : il voit les
rois humiliés qui, reprenant une attitude majestueuse, deviennent d'é-
normes géants qui l'écrasent et le font
ramper dans la poussière. Les peuples
en foule se jettent sur lui ; ils lui
donnent les noms les plus odieux et
veulent le massacrer. Frappé de terreur, Télamon veut fuir leurs mains
homicides ; mais une divinité infernale

arrête ses pas ; il la voit et frémit :
l'horrible déesse, au regard effroyable,
a le visage déchiré de mille plaies et
couvert d'un casque sanglant ; elle saisit le prince avec force, et le trans-
porte sur une haute montagne, puis
d'une voix terrible : « Considère , lui
dit-elle, les cruels effets de l'ambition,
et poursuit si tu l'ose ! » Alors le
prince vit un spectacle qui lui fit horreur.

Plusieurs grandes villes étaient en
feu ; les habitans se précipitaient hors
de leurs maisons pour échapper aux
flammes, mais dénués de tout, presque
nus et n'ayant pas même un morceau
de pain pour subsister. Ils imploraient
inutilement la pitié des soldats, victimes eux-mêmes de leurs propres fu-
reurs ; ces guerriers, devenus féroces
par le manque absolu du nécessaire autant que par la soif du pillage, sont
sourds aux cris de ces malheureux......
Dans leur délire, ils marchent dans le

sang, foulent aux pieds des cadavres ; et succombent sous des ruines en cherchant à apaiser leur faim ou à satisfaire leur insatiable cupidité.

Télamon regardait avec effroi ce tableau trop fidèle des malheurs de la guerre ; il voulait s'arracher de ces lieux funestes, mais l'implacable déesse le retint : « Tu n'as encore rien vu, lui dit-elle, jette les yeux sur la droite, contemple tes forfaits, et rougit d'être conquérant. »

Le prince vit un espace de plusieurs lieues couvert de morts ; les chemins étaient remplis d'infortunés qui tombaient de fatigue et de faim ; éparses sur la route, des femmes tremblantes, éperdues, tenaient de petits enfans dans leurs bras, et demandaient la vie à genoux aux barbares qui les avaient dépouillées. Ces soldats que l'on forçait au meurtre, souffraient beaucoup eux-mêmes : on les voyait se disputer un cheval mort, le déchirer avec leurs *ongles* et le dévorer aussitôt. De toutes parts ce n'était que des hommes égorgés ou mutilés, de jeunes filles expirantes, des femmes qui poussaient des cris lamentables ; on n'apercevait que du sang, des membres d'hommes et de chevaux, des débris d'armes, des cadavres à moitié enterrés qui devenaient la proie des chiens. (1)

Le cœur oppressé, les yeux pleins de larmes, Télamon supplia la déesse de le laisser fuir ; tout-à-coup il se trouva au milieu de son armée ; ses soldats, pâles, défaits, couverts de lambeaux, s'élevèrent tous contre lui et l'accusèrent de leurs malheurs ; ils le chargèrent d'injures, firent entendre des imprécations et des menaces. Des paroles on en vint aux effets ; les plus mutins se jetèrent sur lui par un mouvement de rage ; ils l'enlevèrent

______

(1) Le songe est pris, en partie, dans l'ouvrage de M. de la Beaume.

malgré ses efforts ; ils le garottèrent et
le jetèrent dans la mer. Dans ce moment, Télamon se réveilla : il était en
nage. Son rêve lui avait fait une si
forte impression qu'il se croyait encore entouré d'ennemis qui en voulaient à ses jours.

L'illusion détruite, le prince n'en
resta pas moins persuadé que les dieux
l'avertissaient en songe de l'issue malheureuse de l'entreprise qu'il méditait ;
en conséquence, il résolut, quoiqu'avec
douleur, d'y renoncer pour toujours
si l'armée continuait à désapprouver
ses desseins.

Ayant assemblé le conseil, le prince
remit en délibération si l'on passerait
immédiatement sur les côtes de l'Asie.
« Les grands avantages, continua-t-il,
que j'entrevoyais pour Athènes dans
ces nouvelles conquêtes, m'ont séduit
d'abord ; mais, de mûres réflexions,
fondées sur vos sages avis, appuyés
eux-mêmes par les interprêtes des

dieux, m'engagent à vous consulter de nouveau ; je veux m'éclairer de votre expérience et de vos lumières avant d'entreprendre une campagne d'où dépendent nos destinées. Parlez donc, je vous prie, avec franchise : bien que la gloire soit mon idole, et que j'aie un désir passionné d'illustrer ma patrie par des exploits mémorables, je suis prêt à renoncer à mes projets s'ils n'ont pas votre assentiment. »

En écoutant le prince, les anciens officiers furent surpris de le voir revenir sur une résolution déjà prise, car la faiblesse n'était pas dans son caractère ; ils le louèrent intérieurement de faire au bien public le sacrifice de son orgueil ; et, répondant à sa confiance, ils opinèrent, en vrais patriotes, pour le retour, comme ils avaient fait dans la première assemblée. Télamon allait se rendre à leur conseil, lorsque ceux que Mnesthée avait gagnés parlèrent avec tant d'éloquence ; ils flattèrent si adroitement la passion favorite du prince, que ses vrais amis, qui étaient aussi ceux d'Athènes, entraînés par leurs discours captieux, et plus encore par la joie qu'ils virent briller sur le visage de Télamon, unirent leurs voix à celles des perfides qui trahissaient leur pays, et la descente fut résolue.

CHAPITRE XIX.

Pendant qu'on faisait dans l'île de
Pathmos les préparatifs de la guerre,
un adroit imposteur jouait à Athènes
un rôle qui tendait à y établir le gouvernement aristocratique, le plus intolérable de tous.

Quelques nobles, mécontens de la
longue détention de Ménès et fatigués
de la tyrannie de Mnesthée, formèrent
une conjuration pour s'emparer du
pouvoir. Chacun d'eux se flattait en
secret de gouverner un jour à l'exclu-
sion des autres ; mais leur réunion
étant nécessaire pour la réussite de leur
plan, ils complotèrent de mettre sur
le trône un fantôme de roi, au nom
duquel ils régneraient en effet, se par-
tageant les grandes charges de l'Etat,
les honneurs et les grâces. D'accord

sur le but et les moyens de l'entreprise,
ils n'étaient plus embarrassés que du
choix du personnage qu'ils voulaient
mettre en scène ; le hasard les servit
au-delà de leurs espérances.

Tout-à-coup on vit paraître dans la
ville un jeune homme , qui se donna
pour un descendant des *Pallantides*
que Ménès avait chassés d'Athènes.
Cet imposteur , nommé Iphitus , était
né de parens fort pauvres. Resté or-
phelin dans son bas âge , un prêtre de
Jupiter l'avait recueilli et lui avait
donné de l'éducation. Instruit , ayant
fait de bonnes études , Iphitus s'était
encore rendu habile à tous les exercices du corps.

Parvenu à l'âge où il faut choisir un
état , Iphitus ne put se résoudre à
vivre du travail de ses mains ; il voulait à quelque prix que-ce fût sortir
de l'obscurité. La nature avait mis
dans son cœur des sentimens élevés
bien au-dessus de sa naissance ; mais la

vanité et l'ambition , qui remplissaient
son ame, devaient nécessairement l'engager dans des entreprises périlleuses
et le conduire à sa perte. Il est bien
rare de voir toujours soutenu par la
fortune celui qui prend son vol de si
bas ; si la capricieuse déesse l'abandonne au milieu de sa course , il tombe
de tout son poids et périt dans sa
chute.

Le bienfaiteur d'Iphitus étant mort,
ce jeune homme entra dans la troupe.
Deux ou trois campagnes le rendirent
familier dans le métier des armes ; et
sa valeur lui acquit le surnom de *brave*
que lui donnèrent ses camarades. Ayant
été blessé , il revint de l'île Sériphe
avec Témène , vit les intrigans , créa-
tures des factieux qui projetaient une
révolution , et consentit à entrer dans
le complot. On eut peu de peine à
faire croire à ce jeune insensé , déjà
plein de lui-même, qu'il était fait pour
porter une couronne ; qu'avec sa bonne

mine , ses qualités brillantes, et étant
soutenu de la principale noblesse du
royaume, il aurait bientôt le suffrage
du peuple, las de l'administration de
Mnesthée. Ainsi disposé , on le mit en
rapport avec les chefs de la conjuration. Un examen approfondi du caractère d'Iphitus leur fit connaître
qu'il leur convenait parfaitement. En
effet, ce jeune homme avait tout ce
qui peut éblouir le vulgaire : une belle
taille, une figure charmante, des manières affables, de l'éloquence, de la
hardiesse, de l'audace et du courage.

Pour donner du poids à cette four-
berie, plusieurs grands de l'Etat, en
haine de Mnesthée, firent semblant
de croire qu'Iphitus était véritablement de race royale, et le reconnurent pour l'héritier légitime du trône.

L'imposteur se mit à parcourir toute
l'Attique, en débitant des fables sur sa
naissance. Son roman était construit
avec tant d'art; il le débitait avec tant

d'assurance et une candeur si persuasive, que les personnes les plus éclai-
rées ne surent trop à quoi s'en tenir
sur son compte.

Lorsqu'arrivé dans une ville ou dans
un village, Iphitus pouvait réunir un
certain nombre de mécontens, il leur
peignait avec force les malheurs de la
patrie. « Quel affreux despotisme,
disait-il, que celui de Mnesthée ! il
ne fait usage du pouvoir que pour satisfaire ses passions corrompues, commettre des injustices et assouvir sa
vengeance. Vous êtes, Athéniens, non
un peuple qu'il gouverne, mais une
proie qu'il dévore ; la fortune publique
est une mine qu'il exploite au profit
de ses flatteurs, ou plutôt c'est le sang,
la substance du peuple qu'il pressure
inhumainement pour en gorger ceux
qui servent ses vices lâches et bas, la
ruse et la perfidie. Cette poignée de vam-
pires forme un gouvernement atroce
et dérisoire, qui se joue des choses les

plus saintes , dépouille ; égorge ses victimes en leur parlant le langage de la bienveillance , de la justice et de la religion.

» Oui , ajoutait Iphitus , Mnesthée et ceux de son parti ne nous présentent qu'une troupe d'hommes avides , exclusifs, cruels, féroces, dont l'ambition étudiée cherche à s'établir sur les ruines de la patrie ; mais toute usurpation , toute mesure violente porte avec elle un principe de mort : le tyran ignore l'art dangereux de déguiser son joug sous l'apparence de la modération ; c'est pourquoi il est haï généralement : Athènes attend avec impatience l'heureux jour qui mettra fin à son règne.

» Que ne cherchez-vous , Athéniens , continuait l'imposteur en élevant la voix , à vous affranchir de son autorité, avant que des événemens tardifs, incertains, vous en délivrent ; que ne nommez-vous un chef, dont les droits et l'affection seraient pour vous des gages de bonheur? Vous souffrez, vous gémissez, cependant vous ne faites rien pour briser vos fers..... Peut-être que votre irrésolution provient de l'espérance de revoir bientôt Ménès, ce roi juste et bon, qui n'emploie sa puissance qu'à punir le crime et à protéger le mérite. Mais, hélas! c'est en vain que vous vous flattez de le revoir; nos ennemis le retiennent précisément à cause des vertus qui vous le rendent cher : ils ne sauraient consentir à nous voir gouvernés par des lois sages qui font la force des nations. En effet, sous un roi juste tel que Ménès, nous leur serons toujours bien supérieurs : « *Les* » *pays où règne la vraie liberté sont* » *ceux où la raison a le plus de* » *pouvoir, et où l'homme vit heureux* » *sous le joug honorable des lois.* »

» Puisqu'en restant calmes nous ne pouvons entrevoir la fin de nos maux, qu'au contraire ils s'aggravent tous les

jours ; sachons y mettre un terme.
Dans certaines circonstances, la témérité est une vertu : c'est la résistance
à l'oppression. Suivez-moi ; prenons
les armes pour reconquérir notre indépendance, chasser le tyran et réfor-
mer les abus. Soyez-en sûrs, notre
exemple sera suivi de tous les peuples
de l'Attique, et tous nous aurons la
gloire de sauver la patrie. »

Des discours semblables électrisaient
toutes les têtes; on y applaudissait avec
transport, et l'on courait aux armes.
Chaque jour le nombre des partisans
de l'imposteur augmentait; en le voyant
reçu, traité en prince par les nobles
athéniens, et répandre l'or avec pro-
fusion, les paysans ne doutèrent plus
de sa haute naissance; ils vinrent en
foule se ranger sous ses ordres.

Ces semences de guerre civile ré-
jouissaient Sparte : elle fit passer aux
rebelles des armes et de l'argent, tandis qu'elle irritait le peuple contre

Mnesthée en lui exagérant les vices de son administration. Les perfides Spartiates espéraient, à la faveur des troubles, entrer dans l'Attique et s'emparer du royaume d'Athènes.

Cependant le parti d'Iphitus prenait de la consistance ; les choses allèrent même si loin, qu'il fut impossible de cacher plus long-temps la conspiration. L'aréopage, instruit, ayant remonté à la source de ces désordres, et en connaissant les auteurs, se contenta de surveiller leur conduite, et de les mettre par-là hors d'état de nuire. Quant à Mnesthée, il méprisa cette intrigue qu'il attribua d'abord à son rival ; il crut ne rien avoir à craindre dans cette circonstance, puisque le salut d'Athènes et le sien se trouvaient confondus. Fort de l'appui du sénat, et persuadé que les mécontens abandonneraient l'imposteur sitôt que celui-ci ne les paierait plus, Mnesthée attendit pour prendre des mesures sérieuses contre ses ennemis, que l'imprudent Iphitus détruisît lui-même leur ouvrage en s'embarrassant dans ses propres filets. Cet adroit politique, instruit jour par jour des manœuvres qu'on employait pour le perdre, voyait ces mêmes hommes qui le trahissaient, lui faire bassement la cour, applaudir à tous ses caprices, solliciter des places auprès de sa personne, et recevoir ses moindres faveurs comme un bienfait ; il appréciait cette conduite, et souriait de pitié !.....

Pendant que ces choses se passaient à Athènes, Iphitus, sans alarmes, s'abandonnait à sa fortune. De Mégare il alla à Marathon, à Eleusis, à Décélie ; partout où il passa il se fit des partisans. A Décélie, il fut assez adroit pour persuader une dame de la première qualité, nommée Agialée, qui le reçut dans son château, le combla d'égards et mit toutes ses richesses à sa disposition.

Tandis que le jeune imposteur gagnait Agialée par son élévation imagi-
naire, il employait les avantages qu'il
avait reçus de la nature à séduire Elise,
fille de cette dame. Cette jeune personne crut sans examen les contes qu'I-
phitus lui débitait pour l'engager de
répondre à son amour ; entraînée par
son penchant et par l'exemple de sa
mère, qui était éblouie de la vision
d'une couronne, elle consentit à lui
donner la main. Agialée, croyant déjà
voir sa fille reine, donna à l'imposteur
une chaîne d'or de grand prix comme
une marque d'alliance. Peu de temps
après Elise l'épousa, et lui apporta
une dot considérable.

Agialée soutint de tout son pouvoir
le parti de son gendre. Iphitus devint
vraiment redoutable par les personnes
de haute naissance que sa belle-mère
lui gagnait. Avec la dot de sa femme
il leva une armée, la munit de toutes

les provisions nécessaires, et fut en
état de tenir la campagne.

La nouvelle de sa marche étant parvenue à Athènes, y porta le trouble. Les
factions s'agitèrent : les uns croyaient
ou feignaient de croire qu'Iphitus des-
cendait des anciens rois du pays ; ils
penchaient pour le reconnaître, mais
plus encore par la haine qu'ils portaient à Mnesthée que par l'espérance
d'un meilleur avenir. Les autres, et
heureusement c'était le plus grand
nombre, effrayés des malheurs d'une
guerre civile, voulurent aller à l'ennemi afin de s'opposer à ses progrès.

Profitant de ces favorables dispositions, Mnesthée appela à la défense
de l'État tous les citoyens en âge de
porter les armes ; en même temps l'a-
réopage déclara Iphitus traître à la patrie. On publia ce jugement dans toutes
les villes, ainsi qu'une amnistie pleine
et entière pour les hommes égarés qui
avaient servi sous l'imposteur ; mais

on menaçait des peines portées par la loi ceux qui, au bout de trente jours, ne seraient pas rentrés dans le devoir. Des hommes habiles suivirent ces proclamations ; ils se répandirent dans tout l'Attique , et démasquèrent le fourbe Iphitus. Bientôt cet aventurier, désavoué par les nobles qui l'avaient mis en avant, se vit contraint de faire une honteuse retraite ; ceux que sa bonne fortune avait rangé de son parti , le quittèrent sitôt qu'il fut malheureux ; les paysans détrompés, retournèrent à leurs travaux ; il n'eut plus à sa suite que des gens sans aveu, perdus de dettes, ou flétris par la justice, et Athènes cessa de craindre pour sa tranquillité.

Le décret que venait de rendre le sénat mettait en danger la vie d'Iphitus tant qu'il resterait dans l'Attique ; en conséquence il se détermina à fuir. Agialée, qui commençait à ouvrir les yeux, voulut bien encore lui fournir une forte somme d'argent pour ses besoins ; mais elle ne put se résoudre à laisser aller sa fille avec lui. La jeune épouse d'Iphitus , aussi courageuse que tendre, supplia sa mère à genoux, de ne pas la séparer de celui qu'elle aimait, au moment où elle lui restait seule pour adoucir ses cuisans chagrins. Agialée , émue du sort malheureux d'Iphitus autant que de ses prières, se rendit aux larmes d'Elise , et elle consentit à son départ.

Les adieux furent tristes et touchans. La nuit suivante , les deux fugitifs, suivis de peu de monde, quittèrent Décélie pour se rendre aux frontières. Ils restèrent quelque temps cachés dans les montagnes, mais le manque de vivres les força d'en sortir ; d'ailleurs la belle et délicate Elise , qui couchait sur la terre et sans abri sous la voûte du ciel, était près de succomber à ce nouveau genre de vie. Les esclaves d'Iphitus firent un brancard avec des

branches d'arbres, ils y placèrent Elise;
les deux époux se dirigèrent vers *Aulide*, ville de Béotie, où Iphitus espérait trouver des protecteurs dans
quelques nobles auxquels sa belle-
mère l'avait recommandé.

~~~~~~

CHAPITRE XX.

L'INCONSTANTE fortune n'avait souri
un moment à l'imposteur, que pour
lui rendre plus sensibles les maux qu'elle
lui réservait. En entrant dans Aulide,
un homme dépêché par la mère d'Elise,
vint l'avertir de prendre une autre
route, parce qu'étant signalé dans cette
ville , il courait risque d'y être arrêté.
Iphitus leva au ciel ses yeux mouillés
de larmes; errant , proscrit, il ne vit
plus de salut pour lui qu'au-delà des
mers , si sa chère Elise avait la force
de faire ce voyage. Il s'arrêta à cette
pensée, et s'en applaudit ; aussitôt il
fit prendre à son escorte le chemin
des côtes. Son intention était d'aller
à *Chalcis* , ville de l'Eubée , sur l'Eu-
ripe.

Le petit jour venait de paraître.
~~~~~~

Iphitus, en donnant ses ordres, jeta les yeux sur sa jeune compagne, et sa douleur ne peut se dépeindre : Elise, pâle, défaite, semblait près de mourir. Iphitus s'approcha d'elle ; il lui prit la main : « Chère ame de ma vie, lui dit-il, ranime-toi ; nous allons mettre les mers entre nos ennemis et nous ; peut-être retrouverons-nous la tranquillité. » A la voix de son époux, à la pression de sa main, Elise releva sa tête ; puis, le regardant avec des yeux plein d'amour et de tristesse : « La tranquillité ! Iphitus, reprit-elle ; oui, mais dans le tombeau....... » Iphitus frissonna. Ses esclaves s'étant approchés, il ne put répondre à sa femme ; mais un funeste pressentiment s'empara de son ame, et il crut son sort décidé.

Arrivé sur le bord de la mer, l'imposteur attendit avec une vive impatience le bateau qui devait le prendre. Déjà il jetait sur le détroit un regard plein des douces illusions de l'espérance ; déjà il voyait l'embarcation s'approcher, lorsque des soldats, sortant d'un petit bois, parurent tout-à-coup à sa vue et l'entourèrent. Le chef de la troupe lui montra un ordre du roi de Thèbes pour l'arrêter ; ensuite il le fit partir pour cette ville, ainsi que sa femme, laissant à ceux qui l'a-vaient suivi, le soin d'instruire Agialée de leur malheur. Voici la cause de cet incident :

Mnesthée, instruit de la fuite d'Iphi-tus, l'avait fait suivre ; ayant su qu'il allait à Aulide, il le réclama du roi de Thèbes. Lagus, qui régnait alors, était en paix avec Athènes ; il eut égard aux représentations du chef de l'Etat, fit arrêter l'imposteur, comme on l'a vu, puis conduire en prison.

Iphitus et Elise eurent la triste con-solation de pouvoir gémir ensemble : on ne les sépara pas ; mais qu'étaient devenus pour ce jeune ambitieux ces rêves de grandeurs ? Hélas ! ils le con-

duisaient à l'échafaud !........ Qu'étaient
devenus ces hommes puissans qui l'a-
vaient fait agir ? Tous, à l'abri de leurs
titres et de leurs richesses, vivaient
sans crainte, et l'abandonnaient lâche-
ment à l'ignominie........ C'est alors
qu'Iphitus sonda la profondeur de
l'abîme qu'il avait creusé sous ses pas ;
il en fut épouvanté !...... Quel retour il
fit sur lui-même ! comme il rougit de
son sot orgueil ! il eut bien voulu
alors, simple artisan, jouir de la paix
que procure dans l'obscurité une vie
innocente ! Et cette douce victime de
la séduction, cette jeune Elise, qui
croyait remplir un devoir cher à son
cœur en suivant un époux malheureux,
qu'avait-elle fait pour qu'il l'associât
à son funeste sort ?...... Ces tristes
réflexions augmentaient le supplice
d'Iphitus ; la tendresse de sa femme ;
sa constance héroïque à souffrir des
maux qu'elle n'avait pas mérités, lui
donnaient des accès de désespoir ;

alors, ne se connaissant plus, les cruels
remords, les amers repentirs lui arra-
chaient des paroles incohérentes qui
apprirent à sa femme qu'elle avait été
indignement trompée..... Cette affreuse
lumière blessa Elise jusqu'au fond de
l'ame, mais elle n'en témoigna rien ;
trop grande pour faire à Iphitus des
reproches au moins inutiles ; trop sensible pour vouloir ajouter à ses malheurs, elle ne songea qu'à s'armer de
courage pour le dénoûment terrible,
inévitable, de ce drame lugubre.

Un jour entr'autres qu'Iphitus plus
calme était assis auprès de son épouse,
dont il tenait une main dans les siennes,
et lui parlait de ses malheurs, Elise le
pria de lui raconter les événemens de
sa vie antérieurs à leur mariage. A cette
proposition Iphitus se troubla ; il voulut
changer de propos ; mais sa femme lui
dit avec tendresse : « Quoi ! Iphitus,
celle qui a tout quitté pour suivre votre
fortune n'a-t-elle pas des droits à votre

confiance! ne la laisserez-vous jamais lire
dans ce cœur unique objet de tous ses
vœux ?—Ma chère Elise, répondit Iphitus, personne n'est plus digne que vous
de confiance, de respect et d'amour ;
mais ces vertus mêmes qui attirent
toute mon admiration me réduisent au
silence ; si je parle, Elise, vous me
mépriserez ; que dis - je ? la haine,
l'horreur, peut - être, remplaceront
dans votre ame ces sentimens affec-
tueux qui m'aident à supporter la vie...
Non, non! jamais!...plutôt mourir!...»
En achevant ces mots, il tomba dans
une rêverie profonde ; sa femme le regardait et fondait en larmes.

Cette scène muette dura quelques
instans. Elise, remise la première,
pressa son époux de lui dire toute la
vérité ; elle l'assura, dans les termes les
plus forts, que ses fautes quelles qu'elles
fussent, ne pourraient jamais détruire
l'amour qu'elle avait pour lui. Pour le
décider à parler, elle lui donna à en-

tendre qu'elle était instruite.... Iphitus la regarda avec des yeux hagards; il se leva en cachant son visage dans ses mains. Accablé de honte, un cri étouffé sortit de sa poitrine : il éprouvait les angoisses du désespoir!!..... Sa jeune épouse employa en vain auprès de lui les caresses et les larmes, le malheureux, tourmenté par ses remords, ne voulut recevoir aucune consolation. Enfin la douleur touchante d'Elise l'attendrit; l'irritation violente qu'il éprouvait se calma ; il lui prit la main avec force, et lui dit en la regardant fixement : « Tu veux la vérité, Elise ? tu l'auras...... Je suis un monstre, indigne de voir le jour !....» En prononçant ces dernières paroles, il la quitta et courut s'asseoir dans l'endroit le plus obscur de la chambre, en poussant des gémissemens lamentables. Elise alla à lui, le serra dans ses bras, inonda son visage de ses larmes : « Quoi, ingrat, lui dit-elle, tu me fuis, moi qui t'adore !..... Viens plutôt sur mon sein ; confondons nos douleurs ; et , lorsque tout conspire contre nous , que tout le monde nous abandonne , trouvons dans notre tendresse et dans notre courage les ressources dont nous avons besoin. — Ma chère Elise , lui répondit Iphitus , je ne suis pas insensible aux preuves de ton amour ; j'en prends les dieux à témoin ! oh ! non ! mais , je m'en trouve indigne !!..... C'est moi , femme idolâtrée , qui cause tous tes malheurs : n'écoutant que ma passion pour toi , je te traîne à la suite d'un proscrit que le ciel et la justice réprouvent ; confondue avec un audacieux , tu gémis dans le séjour du crime...... et voilà les fruits des nœuds qui nous unissent !...... et tu m'aimerais encore ! non, cela est impossible !...accable-moi plutôt de ta haine, je la mérite.... ta tendresse sublime me rend trop coupable à mes yeux... » En parlant ainsi , l'infortuné marchait en faisant paraître

une extrême agitation ; ensuite il s'arrêta et parut enseveli dans les plus
sombres pensées. Elise essaya encore
de le ramener à un état plus tranquille ;
il la repoussa doucement : « Laisse-
moi, ma chère, lui dit-il, plus tu
montres de vertu, plus tu rends ton
époux malheureux...... » Après un moment de silence, il leva les yeux au
ciel ; « Justes Dieux, s'écria-t-il, si
pour vous fléchir en faveur de la douce
Elise, il ne faut que l'aveu de mon
crime, je m'y soumets, quoiqu'il m'en
coûte ! » Il mit un genou en terre devant sa femme, et prenant une de ses
mains qu'il arrosait de larmes, il dit :
« Elise, je suis un lâche séducteur.... je
vous ai trompée !.... des perfides on fait
naître en moi des idées d'élévation :
ma crédulité et ma vanité m'ont perdu..
Dans le chemin de la fraude et du mensonge, au milieu des égaremens de la
folie, l'amour est entré dans mon
cœur avec tous ses feux...... Je le con-

naissais pour la première fois ; violent,
sans pitié, il a étouffé en moi l'honneur
et la délicatesse ; je n'ai vu que vous :
je voulais vous posséder ou mourir.....»

Moins surprise de cet aveu qu'atten-
drie de l'état d'Iphitus, Elise voulut
le faire relever. « Laisse-moi dans
cette posture, lui dit-il, elle est celle
d'un coupable ; c'est ainsi que je dois
t'avouer mon crime et en implorer le
pardon. » Elise l'ayant forcé de s'asseoir, il prit un siége, s'approcha de
sa femme et continua : « Un désir ardent de m'élever m'a fait concevoir
des espérances chimériques. J'ai servi
de grands conspirateurs, qui m'ont
rejeté comme un vil instrument, lorsqu'ils ont vu leurs projets découverts.
Dans ma folie, j'allais jusqu'à croire
que mon audace me réussirait. Loin
d'user de prudence et de réfléchir aux
suites terribles du rôle que j'allais jouer,
je fermai les yeux et sur la faiblesse de
mes moyens et sur l'extravagance de

mes prétentions. Ebloui par le faux
éclat d'une grandeur factice, j'oubliai
que je n'étais en scène qu'autant qu'il
plaisait de m'y laisser à ceux dont je
servais les desseins. Enivré d'orgueil,
je me crus un personnage ; ma vanité
me persuada que je pouvais prétendre
à tout...... Insensé que j'étais, de vouloir, du sein de la poussière, m'élever
au rang suprême !...... Ecoute, Elise,
et frémis !...... Je ne suis point de race
royale ; je suis un être obscur, sans
nom, un enfant du malheur, recueilli
par l'humanité d'un homme de bien.
Mes parens, quoique pauvres, honorent leur état par une conduite sans
reproche ; tandis que moi, n'écoutant
qu'un sot orgueil, je vais ternir ce nom
jusqu'ici respectable et le couvrir d'in-
famie !...... En le prononçant dans la
suite, on se rappelera mon crime ; il
donnera l'idée d'un imposteur, d'un
fourbe..... Ma chère Elise, je succombe
à cette douloureuse pensée...... » Iphi-

tus parut alors en proie à toutes les
angoisses d'une ame bourrelée de remords : ses traits se décomposèrent,
son teint devint livide ; dans un abat-
tement affreux, il laissa aller sa tête
sur sa poitrine et joignit les mains avec
un mouvement convulsif : son état
faisait horreur et pitié......

Elise souffrait autant que lui ; cependant elle chercha à lui prouver par
mille caresses qu'elle l'aimait toujours :
elle sentait, disait-elle, qu'il était bien
difficile de revenir sur ses pas, lorsque,
jeune et sans expérience, on s'était
laissé entraîner dans certaine entreprise, qui n'offrait que péril de toutes
parts ; l'ambition d'Iphitus trouvait
son excuse dans le sentiment de sa supériorité, et la tromperie qu'il lui
avait faite dans l'amour qui le dominait ; enfin cette femme incomparable
employa l'éloquence la plus persuasive
pour le relever à ses propres yeux, et
pour lui faire croire qu'elle-même ne

voyait ses torts qu'avec beaucoup d'in-
dulgence.

Tout en cherchant à calmer son
mari par des sophismes, Elise ne se
faisait point illusion sur son crime ; sa-
chant ce qui se passait au-dehors,
elle ne doutait pas que son procès ne
dût finir par une catastrophe. Certaine
qu'Athènes demanderait la tête d'Iphitus, la courageuse Elise dirigea toutes
les réflexions de son époux sur ses derniers momens.

Sur ces entrefaites, un bruit vague
annonça le supplice d'Iphitus. Son
gardien, qui estimait Elise, l'en instruisit. A cette affreuse nouvelle, elle
resta immobile ; mais reprenant courage, elle dévora ses larmes afin de cacher à son époux l'arrêt fatal, et de
pouvoir le préparer à mourir.

L'ayant trouvé dans une situation
d'esprit favorable à ses desseins, elle
amena adroitement la conversation sur
le grand objet qu'elle voulait traiter.

Elle parla des peines auxquelles l'homme est assujéti en ce monde ; elle prouva par nombre d'exemples que les plus heureux même sont atteints, soit dans leur corps, soit dans leur esprit, de mille maux sans remèdes : « La mort, ajouta-t-elle, n'est donc pas un mal, puisque dès notre naissance, une loi invariable et solennelle nous y condamne, et que, le plus souvent elle nous épargne des chagrins mille fois plus redoutables qu'elle. S'il est vrai, continua toujours Elise, que tu doives mourir à présent, tu n'as aucun sujet de t'en plaindre ; car la vie ne serait plus pour toi qu'un long supplice..... De ton aveu, que regretterais-tu sur la terre ? — Peux-tu le demander, s'écria Iphitus, quand ma mort te laisse l'opprobre de mon nom, la honte de m'avoir appartenu et que je tremble sur ton sort ? — Sois tranquille sur moi, mon bien aimé, reprit Elise avec une dignité

calme : je jure à la face du ciel et de la
terre que ta femme ne te survivra pas.»
Iphitus fit un mouvement d'effroi.
« Quoi, dit-il, en se levant avec précipitation, j'ajouterais ce crime à tous
les autres !..... j'aurais conduit à la mort
celle à qui je promettais une couronne ?...... Ah ! Elise, que me fais-tu
entrevoir !...... par pitié, ne me tiens
pas cet affreux langage !...... » Il ajouta
avec énergie : « La mort n'a rien qui
m'effraie : il y a long-temps que j'y
suis préparé ; mais entraîner dans ma
tombe la jeunesse pleine d'espérances;
récompenser des vertus si rares par un
trépas ignominieux ; l'enfer ne peut
rien inventer de plus horrible !......»

Etant parvenue à se faire écouter,
Elise prouva à son époux que l'honneur autant que l'amour exigeait d'elle
le sacrifice de sa vie. « Mais , ma
chère , dit Iphitus , veux-tu , te donnant en spectacle, partager non-seulement le supplice infame qu'on m'ap-

prête, mais encore l'humiliation et la honte qui y sont attachées ? La douce et innocente Elise, marchant à l'écha-faud, rendrait son époux trop criminel et trop à plaindre........ Renonce, ma chère, à ce projet sinistre ; je t'en con-jure, au nom de tout l'amour que j'ai pour toi ! l'idée seul m'en fait reculer d'épouvante !......» Et le malheureux Iphitus, en parlant ainsi, était pâle, ses lèvres tremblaient, un frissonne-ment universel parcourait ses membres, « Veux-tu, toi-même, reprit Elise, mourir de la main du bourreau, et t'exposer à repaître la barbare cu-riosité d'une populace insolente et cruelle ? — Hélas! dit Iphitus en sou-pirant, que n'ai-je les moyens de m'y soustraire !— Tiens, lui dit sa femme, en tirant un poignard de dessous sa robe, voici qui mettra un terme à nos souffrances et à nos incertitudes.» En disant ces mots, Elise se frappe, et son époux la voit tomber expirante à ses pieds...... Egaré par l'excès de son désespoir, il se précipite sur le corps de sa femme ; il l'appelle des noms les plus doux ; il cherche à arrêter son ame qui s'échappe : « C'en est fait, lui dit Elise, d'une voix éteinte...... je te pardonne...... et...... je meure en t'adorant....je vais t'attendre dans un monde exempt de préjugés, où je pourrai t'aimer sans crime...... adieu. » En prononçant ce dernier mot, la tendre et infortunée Elise ferma les yeux pour jamais......

Resté debout devant le cadavre de sa femme, Iphitus le regardait d'un œil sec et fixe ; sa douleur muette était solennelle et terrible...... Tout-à-coup il s'éloigne en frémissant ; il parcourt la prison à grands pas ; il appelle Elise.... dans sa marche insensée, il heurte le corps de sa femme ; il la voit et recule d'horreur !...... alors la connaissance lui revient, et avec elle le sentiment de ses maux : sa jeune et belle compagne n'est plus ! celle qui faisait toute sa consolation , qui lui prodiguait naguère les plus touchantes caresses a cessé de vivre !!!... « Je suis dégagé, s'écria-t-il ; tous mes liens sont rompus !...... » En disant ces mots, Iphitus leva les yeux au ciel pour lui demander pardon de ses erreurs ; ensuite il se donna plusieurs coups de poignard, finissant ainsi une vie agitée, qu'il aurait pu employer mieux.

Laissons à présent Mnesthée à Athènes se réjouir de son triomphe ; donnons au vaillant prince le temps d'arriver à l'île de Samos, et voyons ce que fait Celcéus à la cour du roi de Salamine.

~~~~~~

CHAPITRE XXI,

La belle Gemma, selon l'usage des femmes grecques, vivait fort retirée. Loin de la vue des hommes, et toujours entourée de ses dames, dans l'appartement le plus élevé du palais, la princesse passait ses jours à acquérir les connaissances et les talens qui pouvaient la rendre vertueuse et aimable. Les dames de sa suite, modestes et laborieuses, filaient, brodaient, faisaient des tissus précieux, qui devaient servir de parure à leurs époux, ou de voiles pour le tombeau de leurs pères.

Au milieu de ses occupations paisibles, Gemma pensait souvent au bel inconnu, et elle ne se doutait pas qu'elle livrait son cœur à l'amour. Ce baiser de flamme, donné sur sa main, la faisait encore tressaillir; elle se rap-
~~~~~~

pelait avec plaisir chaque parole de l'aimable étranger et jusqu'à ses moindres
gestes. Préoccupée de cet objet, la
princesse n'avait plus de goût pour l'é-
tude ; sa gaîté enfantine avait fait place
à une douce mélancolie ; on la voyait,
rêveuse, chercher la solitude : on ne
pouvait ni l'amuser, ni même la distraire.

Bérécynthe, jeune dame très-ai-
mable, de la suite de la princesse, et
qui avait sa confiance, s'aperçut d'a-
bord de son changement. Trop pru-
dente pour lui faire des questions in-
discrètes, elle se borna à l'observer.
Elle fut bientôt instruite de ce qu'elle
désirait savoir : l'innocente et candide
Gemma, sans défiance, et toujours oc-
cupée de celui qui faisait palpiter son
cœur, se trahit elle-même sans le vouloir. La princesse, entr'autres talens
agréables, excellait à faire des ouvrages
de broderie ; elle possédait l'art d'as-
sortir les couleurs et de leur donner

une charmante variété. Mais, jusqu'à
ce jour, sa main avait seulement copié
le dessin qu'on lui présentait ; alors sa
jeune imagination, échauffée par de sé-
duisans souvenirs, lui fit tracer sur la
toile le bouquet de roses qu'elle portait lorsque le prince avait paru devant
elle. Bérécynthe vit ce bouquet, et
elle devina le reste.

Les choses étaient dans cette situation lorsque Celcéus arriva à Salamine.
Dictyme ayant appris que l'étranger
était Athénien, l'envoya prier de venir à sa cour. Le favori y parut avec
éclat. En peu de temps, il se rendit si
agréable au monarque, qu'il fut de
toutes les fêtes, accompagna le roi à la
chasse, et put même quelquefois entretenir la princesse.

Charmé d'un début si favorable à
ses projets, Celcéus dépêcha un de ses
esclaves à Télamon, qui était encore à
Pathmos, pour l'en instruire et prendre
ses ordres. Le prince ne crut pas devoir

garder l'*incognito* plus long-temps ; il
lui sembla indigne de son caractère de
cacher encore son nom. Il écrivit à
Celcéus de saisir la première occasion
pour apprendre à Dictyme , que le
guerrier qui avait eu le bonheur de le
défendre, était Télamon, prince grec,
élève et ami de Ménès. Par ces mêmes
instructions, il le priait en outre d'attendre , pour révéler ce secret au roi,
que la princesse fût présente, et d'examiner l'effet que cette nouvelle pro-
duirait sur elle.

Celcéus s'acquitta de sa commission
en homme intelligent et en ami zélé.
Le roi parut fort aise de connaître son
libérateur : il fit l'éloge du jeune héros dont la renommée publiait partout les hauts faits d'armes. Gemma
baissa les yeux ; une vive rougeur couvrit son front ; son sein se souleva
avec des mouvemens précipités. Bérécynthe remarqua son trouble , mais
elle n'en fit rien paraître, elle affecta

même de s'appliquer davantage à l'ouvrage qu'elle tenait dans ses mains.

Celcéus examinait alternativement
la princesse et son père, lorsqu'Hersilie, une des dames de Gemma, attira
toute son attention : quand il nomma
le prince, cette dame devint pâle ; elle
se leva en couvrant son visage de son
voile ; puis, sous un léger prétexte, et
se soutenant à peine, elle sortit de
l'appartement.

Ces diverses impressions d'une nouvelle inattendue révélèrent à Celcéus
plus d'un mystère : il resta persuadé
que le prince n'était pas indifférent à
Gemma ; que son frère trouverait en
Bérécynthe une confidente discrète,
et que la belle et fière Hersilie était
pour la jeune princesse une rivale redoutable : il ne se trompait pas.

Lorsque le prince avait été présenté
à Gemma et lui avait baisé la main,
Hersilie l'accompagnait ; elle ne put
voir avec indifférence ce jeune héros,

qui joignait la beauté d'Apollon à la valeur du dieu Mars ; un regard que le
prince jeta sur elle par hasard, lui persuada qu'elle était l'objet de son admiration ; elle interpréta en sa faveur
les paroles qu'il adressait à Gemma,
ne pouvant croire qu'un enfant à peine
sorti de l'adolescence l'emportât sur
ses charmes.

Egarée par son imagination, Hersilie s'abandonna à sa chimère avec délices : elle pensait avec complaisance
au moment fortuné qui avait offert ce
beau jeune homme à sa vue ; elle
croyait voir encore cette belle tête découverte et ces yeux si tendres qui
avaient trouvé le chemin de son cœur.
Non, disait-elle, se parlant à elle-
même, cet aimable étranger n'est pas
né dans la classe du peuple : quelle
noblesse dans son air ! que de grace
dans son maintien ! tout en lui annonce une haute naissance, et je puis
me livrer à mon penchant sans craindre

de m'avilir. C'est ainsi que cette dame nourrissait un feu dont la violence devait être fatale à son repos et à celui de la jeune princesse.

Quand Celcéus apprit au roi le nom de celui qui lui avait sauvé la vie, Hersilie, aussi clairvoyante que jalouse, remarqua de même que Bérécynthe l'agitation de la princesse ; un instant, une minute lui suffit pour s'apercevoir que Gemma aimait, que les vœux de Télamon s'adressaient à la fille de Dictyme, et que Celcéus, instruit des sentimens de leurs cœurs, n'était venu à la cour que par l'ordre du prince et pour le servir auprès du roi. Cette fatale découverte, en détruisant toutes ses espérances, la blessa dans son amour-propre et dans ses affections les plus chères ; le coup qu'elle lui porta fut affreux, et elle ne put cacher sa vive douleur.

Les passions d'Hersilie se ressentaient de la pétulance de son caractère.

A peine l'amour entrait dans son cœur, et déjà il y régnait en tyran. Le sommeil l'abandonna; dans son délire elle maudissait ses faibles attraits qui n'avaient pas eu le pouvoir de lui soumettre le prince; elle maudissait Gemma, dont les graces naïves lui enlevaient un cœur qui eût fait sa félicité. Ardente dans sa haine comme dans son amour, elle jura de troubler le bonheur des deux amans, et de mettre tout en usage pour empêcher Télamon de paraître à la cour; c'est ainsi que cette femme hautaine et vindicative se vengeait du prince qu'elle ne pouvait haïr, et de la douce Gemma qu'elle détestait comme sa rivale.

Celcéus fut une des premières victimes que cette méchante femme immola à sa jalousie. Depuis qu'elle voyait en lui l'agent de Télamon, il lui était devenu odieux. Elle chercha d'abord tous les moyens de le rendre suspect aux grands du royaume; elle in-

terpréta malignement ses démarches ;
l'accusa d'une intelligence coupable
avec Bérécynthe, et lui fit un crime
de ses assiduités auprès de cette dame.
Elle crut même ou feignit de croire,
qu'elle devait avertir Dictyme des dangers que courait la princesse en prê-
tant l'oreille aux éloges que Bérécynthe,
amie de Celcéus, et dans ses intérêts,
ne cessait de lui faire du prince athénien.

Le roi de Salamine avait tout l'orgueil de la royauté et toute la faiblesse
d'un petit génie ; il reçut avec une
confiance aveugle la confidence qu'elle
lui faisait : Hersilie avait remarqué, disait-elle, que depuis l'apparition de
l'inconnu, Gemma portait toujours
un bouquet de roses ; que lorsqu'elle
brodait, c'étaient encore des roses ;
la rose était sa couleur favorite, donc
elle aimait le prince que les roses rap-
pelaient à son souvenir, rien n'était
plus clair. Dictyme trouva cette re-
marque fort juste ; il remercia Hersilie

de la lui avoir communiquée, se proposant d'y réfléchir mûrement.

Après l'innocente Gemma, Télamon
eut son tour ; Hersilie éleva des doutes
sur sa délicatesse et même sur l'éclat
de la renommée du prince : c'était un
téméraire, un audacieux, d'oser prétendre à la fille d'un roi...... « Qui le
rend si hardi, ajouta-t-elle ; est-ce sa
valeur ? Mais tous les Grecs sont braves.
Est-ce le service qu'il a rendu à notre
monarque ? C'est une faveur de la fortune, dont il doit s'honorer, et qu'il
serait peu généreux à lui de faire va-
loir ; enfin Télamon, sujet et non
souverain, ne peut prétendre à la main
de la princesse. »

Dictyme approuva hautement l'avis
d'Hersilie ; il la chargea de surveiller
Gemma, et d'agir envers la princesse
comme elle le jugerait à propos. Il fut
résolu, entre ces deux personnes,
qu'on remercierait Bérécinthe ; et que

Celcéus, que l'on traiterait avec froideur, retournerait à Athènes.

Le même jour, le roi envoya ordre
à Bérécynthe de se retirer dans sa famille. Cette jeune dame, au désespoir
de quitter la princesse, se rendit dans
son appartement pour lui faire ses
adieux ; elle y trouva Hersilie. « Je
pars, madame, dit-elle à Gemma, et
je retourne dans ma famille ; le roi
votre père l'ordonne ainsi. Les méchans ont calomnié mon attachement
pour vous ; puissent les dieux vous
garantir de leurs trames perfides !......»
A cette nouvelle attérante, Gemma
fondit en larmes ; ses pleurs l'empê-
chant de parler, elle embrassa sa chère
Bérécynthe et la serra dans ses bras.
La vindicative Hersilie envia encore
à Bérécynthe cette faible consolation.
« C'est assez, princesse, dit - elle à
Gemma, rappelez votre dignité ; et
vous, madame (en se tournant vers
Bérécynthe, donnez à votre maîtresse

l'exemple du courage , et n'excitez point sa sensibilité. » Bérécynthe lui jeta un regard qui peignait le plus profond mépris ; ensuite elle s'éloigna.

A peine arrivée chez elle , un page lui apporta des tablettes et le portrait de sa chère princesse. Gemma écrivait à son amie les choses les plus tendres ; elle lui demandait comme une faveur de correspondre avec elle par le moyen du jeune page ; elle ajoutait que cette preuve de son amitié lui aiderait à supporter les désagrémens de sa position. Bérécynthe sentit ses yeux se mouiller de larmes en lisant ce témoignage naïf de l'affection de Gemma ; elle lui répondit aussitôt ; et elle lui fit savoir qu'elle se rendait avec joie à ses désirs ; elle l'engagea à lui confier ses peines , et l'assura qu'elle les partageait bien sincèrement.

Bérécynthe venait de congédier le page , et elle tenait entre ses mains le portrait de la princesse, lorsqu'on lui annonça Celcéus. Ils cherchèrent long-temps ensemble la cause de l'incon-cevable conduite d'Hersilie envers Gemma, sans pouvoir la découvrir; Enfin Bérécynthe crut l'avoir devi-née; mais elle ne s'en affligea que plus; parce que si ses conjectures étaient justes, elle ne voyait point de terme à son exil. Celcéus la consola autant qu'il était en son pouvoir; il lui jura un attachement éternel, et il lui pro-mit de la voir tous les jours. « Mais, reprit-il, puis-je me flatter de ce bon-heur; je crains bien de me voir forcé d'abandonner cette île : votre disgrace, madame, m'annonce aussi la mienne.»

Pendant que Celcéus et Bérécynthe s'entretenaient du sujet de leurs peines, Dictyme allait chez la prin-cesse: il la trouva fort triste; on voyait encore sur ses joues les traces des larmes qu'elle avait répandues. Le roi se plaignit de Bérécynthe; il fit en-tendre à Gemma que la morale de cette dame n'était pas assez sévère ; et qu'un père devait être extrêmement difficile sur le choix des personnes qui approchaient sa fille.

Avant la visite du monarque, Gemma s'était promis d'employer pour le fléchir les prières et les larmes, afin qu'il lui rendît sa chère Bérécynthe ; mais le début de son discours la fit changer d'avis : il lui fut facile de voir que les ennemis de cette dame avaient indisposé le roi contre elle, et qu'il ne consentirait point à la laisser revenir ; c'est pourquoi, en attendant un ins-tant plus propice, elle se tut, et ren-ferma son chagrin dans son cœur.

Dictyme continua sans être inter-rompu l'apologie de sa conduite dans l'arrêt de rigueur qu'il venait de rendre. Il vanta ensuite le dévouement d'Her-silie et son zèle pour la gloire de la princesse ; il porta aux nues la pureté de ses mœurs et sa conduite ver-tueuse, suite de ses principes qui, peut-être , pouvaient paraître austères à quelques personnes , mais qui ne la rendaient que plus convenable à la place qu'elle occupait.

Après ce long préambule , Dictyme engagea sa fille à donner toute sa confiance à Hersilie ; il l'en pria même ; ajoutant, qu'elle lui ferait plaisir de reconnaître la vivacité de son attachement par des égards et de l'affection ; et de la dédommager d'une indifférence injuste et cruelle, qui provenait sans doute de l'influence qu'une personne, moins méritante, exerçait depuis long-temps sur son esprit. »

Pendant tout ce discours, Gemma gardait un respectueux silence ; elle écoutait son père les yeux baissés, sans approuver ni désapprouver par aucun signe l'éloge pompeux que son esprit et son cœur réprouvaient. Dictyme, qui la crut persuadée, quitta Hersilie pour un objet plus intéressant.

Avant de poursuivre il se recueillit ;

ses regards cherchaient ceux de sa fille,
pour lire dans son ame. Pendant ce
court intervalle, la princesse toute pen-
sive semblait immobile; le roi, s'imaginant que la modestie et la timidité
l'empêchaient de faire connaître ce qui
se passait dans son ame, interprêta fa-
vorablement son silence, et continua
ainsi :

« Ce qui me reste à vous dire,
Gemma, me coûte infiniment; mais
vous pardonnerez à votre père des
craintes qui intéressent sa gloire et la
vôtre...., » Cet exorde fit rougir la princesse; elle leva sur Dictyme des yeux
où se peignait la fierté de l'innocence,
et qui semblaient dire : La calomnie
m'a-t-elle déjà flétrie de son souffle
impur?.... Ce regard, d'une vertueuse
indignation, fit hésiter le roi.... Dans
ce moment sa fille avait sur lui un
grand avantage;.... trop avancé pour
revenir sur ses pas, il continua et dit :
« Quelqu'un, ma fille, qui sans doute

vous connaît mal, vous accuse de vous être laissée prévenir en faveur d'un jeune aventurier, qu'une imagination romanesque et beaucoup d'ambition ont conduit dans cette île. » En cet endroit, la princesse crut devoir interrompre Dictyme; et s'armant de courage : « Seigneur, dit-elle, vous le savez, j'ai accueilli dans Télamon inconnu, le sauveur d'un père;.... depuis ce jour, que peut-on me reprocher ?.... Qu'ai-je dit, qu'ai-je fait qui nuise à ma gloire?.... Croyez, sire, que celle qui porte avec orgueil le nom de votre fille, ne fera jamais rien qui puisse en ternir l'éclat. » Satisfait de cette réponse de Gemma, Dictyme lui fit beaucoup de caresses; il la quitta en l'assurant de toute son affection, et en lui disant qu'il ne voulait que son bonheur.

Lorsque le roi fut parti, la jeune princesse fondit en larmes : déjà la malignité s'attachait à ses pas, et elle n'avait plus d'amie pour lui donner des conseils et la protéger.... Ses sentimens pour Télamon l'effrayaient; ils étaient purs sans doute, mais ils n'avaient pas l'aveu de son père, et elle pensa qu'elle devait les combattre.... Craintive, irrésolue, tourmentée par un penchant irrésistible, fidèle aux lois de la décence et à ses principes, l'innocente Gemma, sans guide, sans soutien, se trouvait bien malheureuse!.... Elle s'abandonna à toute sa douleur et ses larmes la soulagèrent.

Etant devenue plus calme, elle écrivit à Bérécynthe la visite du roi et ce qui s'en était suivi; puis elle donna ordre à son page d'aller promptement porter sa lettre. La réponse se fit peu attendre. Bérécynthe exhortait sa chère princesse à la patience; elle la priait, quoiqu'à regret, de lui écrire moins souvent, de crainte que les visites du page ne parussent suspectes, et qu'on ne les privât à l'avenir de la douceur de s'entretenir ensemble. Cet avis, fort sage, fit couler les larmes de la sensible Gemma; cependant elle sentit la nécessité de le suivre : une conduite imprudente de sa part pouvait lui attirer de nouveaux chagrins., et même influer sur le bonheur de son amie. Aussi généreuse qu'aimante, la princesse s'arrêta sur-tout à cette pensée : la crainte de nuire à sa chère Bérécynthe la rendit circonspecte et attentive; elle s'observa avec tant de soin que la vigilante et haineuse Hersilie ignora toujours leur innocent commerce.

Sur ces entrefaites, Dictyme, fidèle à son plan, montra beaucoup de froideur à Celcéus; bientôt il ne lui parla plus; ensuite il n'eut pas même l'air de le remarquer, et les seigneurs de sa cour imitèrent son exemple. Ce changement ne surprit point le jeune ami de Télamon, il s'y attendait. N'ayant plus rien qui l'engageât de rester à Sa-

lamine, il demanda à Bérécynthe une
copie du portrait de la princesse, et
l'obtint bien qu'avec peine; ayant pris
avec cette dame des mesures pour lui
écrire et avoir de ses lettres, il lui
fit ses adieux, et quitta l'île de Salamine pour retourner dans sa patrie.
Son projet était d'apprendre à Athènes
des nouvelles du prince, ensuite d'aller
le rejoindre quelque part qu'il fût.

CHAPITRE XXII.

L'ARMÉE athénienne étant partie de l'île de Pathmos avec son illustre chef, voguait à pleine voile, remplie de joie et d'espérance ; quelques heures encore et les vents la conduisaient au but de ses désirs, lorsque tout-à-coup elle aperçut à une certaine distance la flotte du roi de Perse. Télamon allait passer outre et continuer sa route, ne croyant pas qu'elle pût lui porter obstacle ; mais à sa grande surprise il remarqua que plusieurs vaisseaux se détachaient de la flotte et venaient à sa rencontre. Il douta de leur dessein jusqu'à ce qu'ils fussent à la portée d'un trait : car il n'avait pas connaissance qu'il fût survenu aucun différend depuis son départ entre Athènes et la Perse. Il s'attendait à l'envoi d'un parlementaire, quand une nuée de flèches l'avertit de se défendre. Le combat s'engagea aussi-tôt ; mais la nuit, qui était proche , le fit cesser promptement.

Le lendemain à la pointe du jour, Télamon attaqua les Perses. Il brûlait de tirer vengeance de la conduite déloyale de ces barbares. L'affaire fut chaude : Télamon et les siens ne dé-mentirent point leur ancienne renom-mée. Pendant l'action, tous les vais-seaux avaient pris part au combat, Réunis par d'adroites manœuvres , ils se touchaient de telle sorte , que les sol-dats des deux flottes, passant d'un bord à l'autre, luttaient corps à corps, ou ar-més de la lance , se portaient des coups assurés. La victoire, disputée de part et d'autre avec acharnement, parut d'abord indécise ; mais Télamon parut, et aussitôt elle se déclara en sa faveur, Occupé à donner ses ordres, et s'étant aperçu que les ennemis tiraient avan-tage de son absence, il s'avança l'épée à la main, et fit tout plier devant lui : son bouillant courage, son intrépidité, la pesanteur de son bras, sa voix même, tout porta la terreur dans l'ame des Perses; en moins d'une minute leur perte fut immense. Epouvantés à l'aspect d'une mort inévitable, ils s'enfuirent en hâte, abandonnant une partie des leurs à l'humanité des Athéniens. Télamon les poursuivit jusque dans la mer Egée; mais leurs vaisseaux, percés de toutes parts et en très-mauvais état, ayant besoin de réparation, ils se réfugièrent dans le port d'Ephèse.

Les Athéniens étaient à peine arrivés dans ces parages, et leurs ennemis à couverts de leurs traits, qu'ils furent pris d'un calme. Les vents semblaient enchaînés; la surface des eaux n'offrait pas la plus légère ondulation; pas un souffle n'agitait les voiles. La flotte resta ainsi plusieurs jours dans un état désespérant d'immobilité.

Pendant que les vents contraires

retiennent les Athéniens, les vivres s'é-
puisent; on les ménage; on les dis-
tribue avec une sévère économie; mais
cette prudence même, qui présage le
manque de subsistance, accroît encore
les craintes.

Enfin le vent s'élève, la mer se sou-
lève; mais c'est pour se jouer des malheureux Athéniens, et les pousser vers
la côte où leurs ennemis les atten-
dent.

A la disette succède la famine, fléau
terrible, plus redoutable que la mort,
et contre lequel la valeur est inutile.
Dans cette affreuse extrémité, le prince
offre à ses soldats l'exemple d'une admirable résignation : il souffre comme
eux, peut-être plus qu'eux, et il ne
se plaint pas; ce courage héroïque les
retient quelque temps dans le devoir.
Mais la faim se fait sentir; toutes les
ressources sont épuisées. Le soldat demande à descendre sur le rivage; il
préfère mourir en combattant plutôt

que d'éprouver sur la flotte une agonie longue et cruelle. Télamon veut les apaiser; il se montre à ces furieux pâle, défait; il les exhorte à la patience et donne l'espoir d'une prompte délivrance; mais on ne l'écoute pas: la mort, froidement barbare, paraît à ces guerriers affreuse, épouvantable; ils veulent la braver, assouvir leur rage sur leurs ennemis, leur arracher ces alimens dont ils manquent ou s'abreuver de leur sang.

Les Eoliens, les Cariens, les Doriens et autres peuples de l'Asie mineure, s'étaient réunis à Ephèse pour repousser l'ennemi commun : la côte était couverte d'hommes armés. Les Athéniens les voient, et loin d'en ressentir de la crainte, ils demandent à les joindre. Télamon cède à leur désir. Aussitôt tous s'élancent sur le rivage; mais assaillis dans l'instant par une grêle de traits, plusieurs succombent, et une prompte mort les délivre

de leurs maux. Les blessés reçoivent
des secours de la part des Perses; ils
échappent ainsi à leur funeste destin;
ceux qui restent sont les plus malheureux; repoussés sur leurs vaisseaux,
ils y portent la douleur et le désespoir.

Au manque total d'eau et de vivres
dans la flotte, se joignirent les mala-
dies contagieuses; chaque jour la mer
engloutissait des soldats et des mate-
lots. Les Athéniens étaient dans cet
affreux état quand une horrible tempête vint mettre le comble à leur in-
fortune. Tout-à-coup la mer s'enfla;
les vagues s'élevèrent en hautes montagnes. Les vaisseaux, tantôt portés jusqu'aux nues, tantôt ensevelis sous les
ondes; une autrefois repoussés avec
violence vers la côte, ou jetés en
pleine mer, étaient à chaque instant
sur le point de se briser. Les malheureux Athéniens, exténués, près de
rendre l'ame, voyaient encore l'abîme
ouvert pour les engloutir.

La tempête cessa enfin, et les vents devinrent favorables au retour. L'espérance ranima ceux à qui il restait encore un peu de force ; on mit à la voile et l'on partit en hâte : dans l'état de détresse où se trouvait la flotte, elle aurait été pour l'ennemi une proie facile à saisir. Télamon, la mort dans le cœur, reprit la route d'Athènes, ramenant, au lieu d'une armée triomphante, les tristes débris de celle qui lui avait été confiée....

Les Athéniens apprirent, avant le retour de la flotte, la perte immense qu'ils avaient faite. Cette nouvelle les jeta dans la consternation : l'élite de leurs braves avait péri dans cette malheureuse entreprise ; Athènes, épuisée d'hommes et d'argent, peut-être à la veille d'une guerre, se voyait à deux doigts de sa perte. Le peuple, au désespoir, regarda le prince comme l'auteur de ses maux, et il oublia tout-à-fait les services imminens qu'il lui avait rendus,

(211)

Lorsque Mnesthée vit les Athéniens au point où il les désirait, il dénonça Télamon. Il l'accusa d'avoir outre-passé ses pouvoirs en portant la guerre en Perse. Il le représenta comme un homme rempli d'ambition, qui ne cherchait qu'à se rendre célèbre même en sacrifiant sa patrie. « Vous le voyez, Athéniens, ajouta-t-il, votre aveugle confiance faisait tout le mérite de ce jeune téméraire. Son dernier plan de campagne mal conçu a perdu l'armée, et Athènes devra à sa mauvaise politique, à son insatiable soif des conquêtes, des ennemis redoutables. Ce n'était pas assez, pour cet audacieux, continua-t-il, de braver la puissance d'Athènes, et de conduire nos soldats séduits par l'éclat de ses premières armes, dans des mers inconnues pour les y faire périr, il laisse leurs corps sans sépulture, se faisant ainsi un jeu de la religion comme de la vie de ses concitoyens. »

Ce discours perfide de Mnesthée ar-
mait contre le prince, non-seulement
les lois, mais encore le fanatisme. Dans
toute la Grèce c'était un crime irré-
missible que de ne pas enterrer les
morts. Mnesthée savait que dans la situation où le prince s'était trouvé, ce
pieux devoir devenait impossible à
remplir ; mais tout moyen lui semblait
bon pourvu qu'il accablât son rival.
Continuant ses dénonciations et ses
invectives, et ne se donnant plus la
peine de se contraindre, Mnesthée
laissa un libre cours à sa haine, à ses
emportemens, à ses passions fou-
gueuses : il protestait de son amour
pour la patrie, et il demandait hautement la tête du grand homme qui l'em-
pêchait de l'asservir.

Dans cette grande infortune, Télamon malheureux était abandonné ; aucune voix ne s'éleva pour le défendre ;
au contraire on applaudit Mnesthée.
Au nombre des ennemis de Télamon

on voyait non-seulement les envieux de sa gloire, mais encore ceux qu'il avait comblé de bienfaits.....

Les choses étaient dans cet état lorsque le prince arriva à Athènes avec sa petite troupe. Officiers et soldats, tous ressemblaient plus à des squelettes qu'à des hommes. Leurs visages pâles, décharnés, leurs habits sales et en lambeaux, faisaient assez voir à quel point ils avaient souffert. A cette vue, le peuple jeta des cris de fureur. Le prince allait être victime de sa rage, lorsque les magistrats lui envoyèrent l'ordre de se rendre en prison jusqu'à ce qu'on eût examiné sa conduite.

Mnesthée, voulant plaire au roi d'Athènes, lui dépêcha promptement un homme de confiance avec le détail de la funeste et dernière campagne. On trouvait dans ce mémoire la finesse d'un courtisan, la politique d'un homme d'état et la malignité d'un rival. Il réussit. Le roi, trompé, destitua Télamon et l'abandonna à ses juges.

Enfin le prince parut devant l'aréopage. Il plaida sa cause avec modestie et liberté. Il exposa pour sa justification les événemens qui avaient compromis le salut de l'armée, événemens contre lesquels tout pouvoir humain devenait inutile, le calme, à la suite duquel était venue la famine, puis la tempête. S'apercevant qu'on l'écoutait avec bienveillance, il rappela avec adresse ses victoires passées, les services qu'il avait rendus à la patrie, et ceux qu'il voulait encore lui rendre lorsque la fortune avait trompé ses espérances. Il prouva qu'il lui avait été impossible de faire donner la sépulture aux soldats morts dans cette expédition ; enfin il n'omit rien de ce qui pouvait persuader ses juges de son innocence. Le sénat ayant pris du temps pour délibérer, le prince fut reconduit en prison.

La nuit même, Mnesthée s'en fit ouvrir les portes, et parut à ses yeux surpris. « Venez-vous, lui dit Téla- mon, insulter à mon malheur et m'an- noncer la mort ? — Au contraire, je viens vous sauver. — Vous !... — Oui, moi.... Le sénat examine votre affaire ; je puis vous servir.... dites un mot, et demain vous serez absout et libre. — Je ne vous comprends pas. — Vous êtes coupable. — Oui, puisque je suis malheureux. — Eh bien! je me fais fort de prouver votre innocence.... mais il faut que vous consentiez à être de mon parti. — C'est-à-dire vous aider à de- venir le tyran d'Athènes ? — Non, mais son roi..... Ménès ne reviendra plus. — Vous le croyez?... et vous vou- lez qu'en votre faveur je me rende parjure et traître!.... — Je veux que nous soyons amis, et, je le répète, c'est pour vous sauver. — Eh! qu'est-ce que la vie sans l'honneur? un long op- probre !.... — Vous me comprenez mal : je n'exige point que vous serviez ma cause ; je vous prie seulement de ne point apporter d'obstacle à mes desseins. » En cet endroit le prince jeta sur Mnesthée un regard fier et méprisant, puis il lui dit : « Mnesthée, vous ne connaissez pas encore Télamon..... » et il ajouta : « Ne rien faire qui m'abaisse dans ma propre estime ; contribuer de tout mon pouvoir à rendre Athènes libre et heureuse, voilà en quoi consiste mon bonheur.... Tant que je respirerai, je le jure, vous n'arriverez point à la tyrannie.... » Télamon prononça ces derniers mots avec tant de force, qu'il fit rougir son rival. Mnesthée recula deux pas ; puis d'un air furieux et menaçant, il lui dit : « Adieu, Télamon, vous venez de prononcer votre arrêt ; » ensuite il sortit.

Le peu d'amis qui restaient à Télamon se cachaient pour le mieux servir. De ce nombre était Stéphanie, que nous avons vue donner au prince d'utiles conseils. Cette dame, aussi sage qu'aimable, avait un esprit supérieur et une grande force d'ame. Compâtissante et généreuse, loin de fuir un ami malheureux, il lui en devenait plus cher; elle était capable alors des actions les plus héroïques pour le consoler ou pour lui rendre service.

L'attachement de Stéphanie pour Télamon ayant sa source dans l'exaltation de son esprit et dans l'extrême bonté de son cœur, était aussi vif que pur et désintéressé. Comme femme, elle aimait en lui son air noble, sa tournure martiale, sa physionomie expressive, le feu de ses regards, la douce majesté répandue sur tous ses traits, l'affabilité de ses manières, sa magnificence et sa libéralité. Elle admirait dans ce jeune héros, avec tout Athènes, un génie extraordinaire, une imagination brillante et une activité inconcevable. Elle regardait comme le complément de la perfection sa haute valeur, sa fermeté dans le péril, sa vaste prévoyance, son ardent amour de la gloire, son humanité, son patriotisme, son désir sincère de la félicité publique. Idolâtre de sa patrie, cette femme sensible pouvait-elle voir avec indifférence celui qui, dans une grande jeunesse, avait porté sa renommée jusqu'au-delà des mers, et dont les infortunes mêmes faisaient connaître le courage, la constance dans le malheur, et la grandeur d'ame dans l'adversité ?

Mnesthée venait de quitter Télamon, lorsque le geolier entra de nouveau conduisant une femme couverte d'un voile. Le prince s'avança au-devant de la dame voilée, lui prit la main et la fit asseoir, gardant toujours le silence par respect pour elle, bien qu'il brûlât du désir de connaître celle qui s'intéressait assez vivement à lui pour hasarder une telle démarche.

Lorsque le gardien les eut laissés,

Stéphanie (car c'était elle-même) leva son voile. A sa vue, le prince, transporté de reconnaissance, mit un genou en terre et lui baisa la main, en la remerciant mille fois de n'avoir pas abandonné un ami malheureux. « Je sais, ajouta-t-il, belle Stéphanie, que, supérieure à votre sexe, les actions les plus courageuses vous sont familières ; mais cette visite, à une telle heure et dans un tel lieu est si étonnante, qu'elle vous transforme pour moi en divinité. Non, continua-t-il avec feu, une mortelle ne saurait avoir une bonté si touchante, un dévouement si noble !... » Télamon s'exprimait avec toute l'énergie d'une extrême sensibilité ; son cœur était plein d'un sentiment dont il lui paraissait impossible de rendre la force ; il souffrait de n'avoir point de mots qui pussent en donner une idée ; mais ses yeux, l'incohérence même de ses phrases, son délire enfin, tout prouvait à Stéphanie bien plus que des paroles la joie que lui causait sa présence.

Stéphanie laissa un libre cours à la reconnaissance de son jeune ami ; en-suite elle lui parla de l'objet de sa vi-site : « Vous connaissez, lui dit-elle, les projets de Mnesthée, ainsi que sa perfidie et sa haine ; n'en doutez pas, il veut votre mort... Fort de votre in-fortune, il excite le peuple et tonne dans l'aréopage. Craignez jusqu'aux mœurs austères de vos juges ; redoutez sur-tout l'ignorance et les passions du peuple ; les juges seront barbares par excès de vertus, le peuple par ingrati-tude et par légèreté ; tous enfin se réu-niront pour vous perdre, rien n'est plus sûr... Croyez-moi, mon ami, épar-gnez des regrets à Athènes ; empêchez-la de commettre un crime en portant une sentence de mort contre son libé-rateur : sauvez-vous ; tout est prêt ; votre gardien vous conduira au vais-

seau qui vous attend, et, avant le jour,
vous serez loin de vos ennemis. »

Stéphanie avait expliqué son projet
avec tant de vivacité ; elle avait mis
dans son discours une telle véhémence,
qu'il avait été impossible à Télamon
de l'interrompre. Il profita de la première pause qu'elle fit pour lui dire,
en lui prenant les mains avec une extrême agitation : « Arrêtez, madame ;
de grace n'abusez pas des droits que vos
bontés vous donnent sur mon cœur ;
n'exigez pas de moi une démarche dés-
honorante.... Moi fuir ! grands dieux !..
C'est alors qu'on me croirait coupable !... Ah ! Stéphanie, que me conseil-
lez-vous ! Votre amitié pour moi vous
égare.... Femme sublime, vous voulez
que Télamon soit un lâche !... qu'il recule devant la mort !... Eh ! ne l'ai-je
pas affrontée mille fois dans les combats ?... Je l'ai vue sans pâlir hideuse
dans la famine, effroyable dans la tempête, et je m'effraierais de celle qu'on

me prépare !. .. N'en parlons plus.... »

Stéphanie employa en vain les ar-
gumens les plus forts pour déterminer
Télamon à s'enfuir ; il rejeta toujours
cette idée avec indignation. Ne pouvant rien gagner sur cet étonnant jeune
homme de ce qu'il croyait contraire à
sa gloire, Stéphanie le quitta, fort triste
il est vrai de l'inutilité de sa visite ,
mais en même temps pénétrée d'estime pour le grand caractère de Télamon, et plus son amie que jamais.

Cependant Mnesthée, sorti furieux
d'auprès du prince, avait juré sa mort.
Ses satellites secondèrent sa haine.
Répandus dans la ville , les perfides
s'apitoyaient sur le sort des soldats, sa-
crifiés, disaient-ils, à l'ambition d'un
fou.... Mais cette fausse compassion, si
loin de leurs cœurs, n'était que pour
servir de voile à leur mauvais dessein,
celui d'animer le peuple contre le
jeune héros et d'avoir sa tête. Ils réus-
sirent : Télamon fut condamné à mort

tout d'une voix dans l'assemblée générale.

L'aréopage avait le pouvoir d'examiner les jugemens du peuple ; lorsqu'ils lui paraissaient injustes, il en suspendait l'exécution, et l'on recommençait de nouveau à délibérer. C'est ce qui arriva dans cette circonstance. Après une mûre délibération, la peine de mort rendue contre le prince fut commuée en celle du bannissement.

Les ennemis de Télamon, et surtout Mnesthée, blâmèrent le sénat de sa faiblesse ; la peine du bannissement ne satisfaisait point leur vengeance : ils voulaient la mort du valeureux guerrier. Mnesthée, aussi lâche que son ennemi était brave, tremblait tant qu'il le savait libre. Pour se débarrasser de lui, il aposta des assassins sur la route d'Athènes au port. Ces brigands, pour un vil salaire, consentirent d'assassiner le héros.... L'amour de ses soldats le garantit de leurs poignards.

Les dieux avaient permis que les traîtres de l'armée du prince fussent tous victimes de l'expédition malheureuse due à leurs perfides conseils. Le petit nombre qui avait survécu au désastre, sincèrement attaché à Télamon, lui rendait une justice éclatante. L'éloge que firent tous les soldats des rares talens de leur illustre chef, éloge dicté par l'affection et la force de la vérité, éclaira les juges et contribua beaucoup à l'adoucissement de la sentence. Quelle plus forte preuve, en effet, de l'innocence de Télamon, que d'entendre ces mêmes hommes, aux noms desquels on le condamnait, vanter partout son excellente conduite, son désintéressement, sa courageuse résignation dans le malheur, ses efforts incroyables pour faire changer la fortune et soulager leurs maux ?

Quand leur chef bien-aimé quitta Athènes, ils se rendirent sur son passage pour lui exprimer leurs vifs regrets,

et ils voulurent l'escorter jusqu'au vaisseau ; rendant ainsi un dernier hommage aux vertus qu'ils reconnaissaient
en lui. Lorsque Télamon fut au Py-
rée, il leur serra la main à tous et reçut leurs adieux avec attendrissement.
Quelques-uns de ses amis se trouvaient au port ; il les embrassa ; puis,
montant sur un vaisseau, il partit pour
Millet, en jetant un dernier regard
vers sa patrie, qui, bien qu'ingrate,
avait encore son amour et ses vœux.

CHAPITRE XXIII.

Télamon était à peine arrivé à Millet que Stéphanie lui envoya un esclave avec une cassette pleine d'or. Dans la lettre qui accompagnait ce présent, elle le priait de faire usage de l'or, et de garder l'esclave pour l'amour d'elle : la vigilance de cet homme, ajoutait Stéphanie, dont l'intelligence et la fidélité lui étaient connues, la tranquilliserait un peu sur les hasards qu'il allait courir. Elle espérait aussi que, par son moyen, elle aurait quelquefois de ses nouvelles.

O femmes ! s'écria Télamon à la lecture de cette lettre, que votre amitié est précieuse !.... que de douceurs dans votre commerce, de générosité et de délicatesse dans votre conduite !.. Prévoyantes, attentives, votre tendre sollicitude va au-devant de tous les soucis, de tous les besoins ; vous oubliant vous-mêmes, vous n'existez que pour celui qui vous intéresse : heureux, mille fois heureux celui qui apprécie votre affection, et qui sait s'en rendre digne!

Phocus gouvernait alors les Milésiens sous la protection du roi de Perse. Ce prince était faux et cruel, avec l'apparence de la franchise et de la bonté ; lâche et craintif, il caressait ceux qu'il voulait perdre : il les envoyait à la mort en pleurant sur leurs maux. Les courtisans le trompaient ; les hommes de mérite le fuyaient ; le peuple le haïssait et le méprisait.

Phocus ne sut pas plutôt que Télamon, banni d'Athènes, était dans ses Etats, qu'il résolut de faire sa cour au roi de Perse, et de le venger du dernier échec de sa flotte en s'assurant du prince. Dans ce dessein, il l'attira à sa cour ; et, selon son usage, il lui fit la réception la plus gracieuse.

Télamon se livrait tranquillement au plaisir d'une vie indépendante ; il partageait ses loisirs entre la pêche et la chasse, et il ne se doutait pas des nouveaux malheurs qu'on lui préparait.

Mnesthée connaissait la bassesse et l'immoralité de Phocus, et il ne craignit point de lui faire partager sa haine pour son rival. Il lui dépêcha un homme de confiance pour le mettre dans ses intérêts. Cet habile envoyé laissa entendre au roi qu'une descente dans l'Attique n'était pas impossible, si, préalablement, Phocus faisait tomber la tête de Télamon.

Le tyran de Millet n'ignorait pas le désir qu'avait le roi de Perse d'avoir un pied dans la Grèce ; il fut extrêmement flatté de ce message qui servait si bien ses vues. Il se hâta de faire savoir au grand roi les propositions de Mnesthée, et il le consulta en même temps sur la conduite qu'il devait tenir envers le prince. Le roi de Perse l'ayant

laissé libre d'agir selon l'occurrence
dans l'un et l'autre cas, Phocus ne délibéra plus, et la mort de Télamon fut
arrêtée.

Le roi avait une maîtresse nommée
Alzine, que la crainte, bien plus que
l'amour, retenait près de lui. Enlevée
à sa famille par le tyran, dans sa première jeunesse, Alzine avait encore été
séparée de celui qu'elle aimait. Le
temps, qui détruit tout, lui fit oublier
son amant : l'ambition remplaça l'a-
mour dans son cœur ; mais elle ne put
jamais pardonner à Phocus la violence
qu'il lui avait faite, et qui l'avait ran-
gée, de libre qu'elle était, au rang des
esclaves. A son orgueil blessé se joignit dans la suite un sentiment plus
tendre et plus impérieux : elle devint
éprise d'Eupolis, frère de Phocus. Le
tyran s'aperçut bientôt de l'intimité
qui régnait entre ces deux personnes,
et il les épia avec soin. Se croyant sûr
de leur liaison, il exila son frère ; mais

trop épris d'Alzine pour se résoudre à l'éloigner, il se contenta de la retenir captive dans son appartement. Elle ne sortait qu'avec lui ; et si quelquefois elle prenait le plaisir de la promenade dans les jardins du palais, elle était suivie et surveillée comme une prisonnière,

Le roi ne quittant presque jamais sa maîtresse, il fut facile à cette femme de découvrir une partie du complot formé contre la vie de Télamon. Dès-lors elle arrangea un plan dans sa tête, qui lui fit concevoir l'espérance de se soustraire à la tyrannie de Phocus, et de mettre son frère sur le trône. Pour réussir dans cette double entreprise, elle chercha d'abord à se rendre maîtresse du secret du roi ; à force de ruses, elle y parvint. Phocus lui confia non-seulement ses desseins sur la vie du prince, mais encore tout ce qui s'était passé entre lui et le rival de Télamon.

(237)

Alzine applaudit à la haute politique
du roi. Elle lui persuada qu'il ne pouvait mieux faire que de lui remettre
l'exécution du crime ; lui prouvant
qu'elle saurait plus que tout autre choisir le moment convenable pour sa con-
sommation, et en faire disparaître jusqu'aux moindres traces.

Le faible roi consentit à tout ce que
voulut son indigne maîtresse. On décida qu'on ferait un banquet chez la favorite ; que le prince y serait admis ; et
qu'au milieu des enchantemens des
plaisirs de la table, augmentés encore
par l'attrait d'une gaîté séduisante,
l'adroite syrène lui présenterait un
breuvage de mort.

Quelques jours après, tout étant disposé, Phocus invita le prince au festin.
Télamon, sans défiance, s'y rendit.
Des mets délicats, des vins excellens,
des convives agréables, tout enfin contribuait à rendre ce repas des plus dé-
licieux. Bientôt les liqueurs, versées à

plein verre, amenèrent les saillies heu-
reuses, les facéties, la gaîté bruyante:
la raison ne fut plus écoutée. Le prince
se livrait au plaisir avec toute la folie
d'un jeune homme, et toute la franchise d'un guerrier ; le roi, échauffé
par le vin, et s'amusant des mots hardis et spirituels de Télamon, oubliait
tout-à-fait le but de ce repas et la funeste catastrophe qui devait le terminer ; les favoris, tous dans le secret,
mais à moitié ivres, enchérissait encore
sur leur maître en fait de débauche, et
ils ne pensaient pas davantage à l'objet
de leur réunion. Alzine seule ne perdit
point la tête. Voulant distraire Phocus
et détourner son attention du sujet
principal qui l'occupait elle-même,
elle se leva et dansa un pas égyptien
qu'il aimait beaucoup, et avec tant de
graces que le roi en fut transporté.
Cette femme habile, continuant son
rôle, s'approcha de lui avec des manières caressantes, et elle lui ceignit

une écharpe d'or, ouvrage de ses mains, où étaient représentées toutes les victoires du monarque. Ivré d'amour, Phocus la serra tendrement dans ses bras, et il protesta qu'elle était la plus séduisante femme qu'il eût vue de sa vie.

Comme on peut le croire, la danse et la pantomime d'Alzine n'étaient qu'un manège adroit pour mieux tromper Phocus. En tournant autour de la table, elle avait trouvé le moyen de jeter du poison dans un vase et de le mettre devant le roi. Lorsqu'elle eut fini son jeu, elle revint s'asseoir; puis versant à la ronde une liqueur aussi précieuse qu'enivrante, elle éleva son verre, salua la compagnie, et l'invita par un sourire à lui faire raison; aussitôt le roi et les seigneurs portèrent la santé de l'enchanteresse, et burent tous jusqu'à la dernière goutte le vin qu'elle avait versé.

Quelques minutes après, Phocus

sentit dans ses entrailles un feu extraordinaire. Sa frayeur ayant dissipé son
ivresse, il s'aperçut qu'il était trahi.
Regardant Alzine avec des yeux où la
fureur était peinte, il parut l'interroger
sur ce qu'elle avait fait..... Un second
coup-d'œil l'éclaira.... Ne se connaissant plus, le roi se lève un poignard à la
main, et il court sur la perfide pour
l'immoler à sa vengeance. Le prince,
qui était resté stupéfait d'un changement si subit, se persuade que la raison
du roi est égarée; il se jette entre lui et
Alzine et le désarme. Le roi tombe
dans un fauteuil, tandis qu'Alzine se
dérobe à sa juste fureur par une prompte
fuite. On donna des secours au roi;
mais la furie, qui avait juré sa mort,
était sûre du poison qu'elle employait:
malgré tout l'art des médecins, Phocus expira presqu'aussitôt dans des
douleurs épouvantables.

Cependant cette étrange et horrible
scène était toujours un mystère pour

le prince, quand Alzine, retenue prisonnière par ordre du sénat, voulut
bien lui dévoiler l'affreux complot
tramé contre ses jours. Télamon frémit
en pensant au péril qu'il avait couru ;
mais en même temps il fit de tristes
réflexions sur le sort d'un roi tel que
Phocus, qui, éloignant de lui les
hommes vertueux, se met à la discré-
tion de favoris corrompus et d'une
maîtresse perfide.

Le sénat ayant envoyé un exprès à
Eupolis, ce prince vint sur-le-champ occuper le trône de Millet ; mais loin de
paraître reconnaissant envers celle qui
l'y faisait monter par un assassinat, il
la fit renfermer dans une étroite prison ;
montrant ainsi le cas que l'on fait des
traîtres, qui sont autant à craindre pour
leurs amis que pour leurs ennemis.
Après les funérailles de Phocus et le
couronnement d'Eupolis, Télamon
quitta Millet pour se rendre à Halicarnasse, ville capitale du royaume de
Carie.

CHAPITRE XXIV.

Nélée gouvernait alors les Cariens, sous la protection de la Perse, comme tous les petits rois de la péninsule. Ce prince n'avait aucune des qualités nécessaires pour bien régir un Etat : amateur de voluptés, vain et orgueilleux, faible et lâche, ombrageux, défiant et jaloux, il aimait les éloges outrés de la flatterie ; les hommages, le dévouement de la corruption et de la bassesse, les complaisances, les services étudiés du vil intérêt, et sur-tout les richesses, qui donnent les moyens d'acheter toutes ces choses. Peu délicat sur la manière d'obtenir les monceaux d'or dont il était avide, et qui disparaissaient dans ses mains, il surchargeait le peuple sans ménagement, et fermait les yeux sur les extorsions dont les subalternes usaient envers les citoyens, auxquels ils ravissaient jusqu'à la subsistance, et qu'ils mettaient au désespoir.

La reine, femme de Nélée, nommée Phasélis, d'un caractère violent, impérieux, dominait ce prince. Phasélis était hautaine, ingrate, égoïste, vindicative, fanatique et cruelle. Les passions haineuses qui fermentaient dans son sein donnaient à tous ses traits une rudesse farouche. Jamais le sourire de la bienveillance n'effleurait ses lèvres. Ses yeux, dont le regard inspirait la crainte, ne semblaient s'adoucir qu'au récit des souffrances de ceux qu'elle haïssait. Cependant Phasélis prétendait à une haute vertu. Austère dans sa manière de vivre, rigide à l'égard des autres, dévote envers les dieux, elle en imposait au vulgaire, qui ne juge que sur les apparences. Dupe d'elle-même, cette princesse se croyait très-pure, lorsqu'après avoir commis une grande injustice, ou fait signer au roi l'arrêt de mort de plusieurs innocens, elle portait une corbeille sur sa tête aux fêtes de la grande déesse; sa conscience était tranquille, lorsque les prêtres, dont elle était entourée, avaient loué jusqu'à l'excès les funestes résultats de ses infernales intrigues.

Télamon appréciait ces deux personnes, et il allait rarement à la cour. Il se sentait sur-tout pour la princesse un éloignement invincible, prévoyant sans doute les chagrins qu'elle devait lui causer.

Le prince était dans ces dispositions, lorsque les habitans de l'île de Cos, qui avaient à se plaindre de plusieurs injustices du roi, notamment de la prise récente de quelques riches vaisseaux que Nélée refusait de rendre, descendirent tout-à-coup sur le rivage, ayant à leur tête le vaillant Memnon, leur général. A cette nouvelle terrible, le roi fut saisi de frayeur; il s'enferma

(239)

dans son palais, et donna ordre à ses
gardes d'en défendre les approches au
péril de leur vie. De son côté, la reine
alla au temple, et fit faire des sacrifices. Les grands de l'Etat, qui voulaient mettre en sûreté leurs personnes
et leurs trésors, se hâtèrent de passer
dans le royaume le plus voisin, em-
portant avec eux tout ce qu'ils possédaient. Le peuple, abandonné à lui-
même, sans chef, sans magistrats, errait dans les rues d'Halicarnasse, en
poussant des cris de désespoir.

On voyait déjà, du haut des tours,
les ennemis faire des reconnaissances;
encore une heure, et tous les maux de
la guerre allaient assaillir cette malheureuse ville!... Les plus riches habitans,
qui craignaient le pillage, proposèrent
d'ouvrir les portes aux ennemis; les
bons citoyens, au contraire, préférant
l'honneur aux richesses, aimèrent
mieux mourir que de se rendre coupables d'une telle lâcheté, et ils cou-

rurent aux armes. N'ayant point de généraux pour les mener au combat; marchant sans ordre et sans discipline, leur ardeur même allait leur devenir fatale, lorsqu'un envoyé du roi vint trouver le prince pour l'engager de se rendre au palais.

Après avoir fait un éloge pompeux de la bravoure de Télamon, après avoir laissé échapper quelques plaintes sur la désertion de ses anciens serviteurs, Nélée pria le prince de se mettre à la tête de ses troupes. Télamon connaissait toute la grandeur *du* péril qui menaçait la ville, il s'inclina devant le monarque, en signe de soumission, le remercia de la confiance dont il l'honorait, et courut, sur-le-champ, où le danger exigeait sa présence.

Ayant déclaré au peuple les intentions du roi de Carie, Télamon rassembla en hâte tous les citoyens qui voulaient être libres; il les conduisit au rivage, et surprit Memnon, qui ne

s'attendait pas à avoir un pareil ennemi en tête : il croyait le prince chez
les Milésiens, et débarquait avec lenteur, parce qu'il se flattait d'une victoire prompte et certaine avec un roi
tel que Nélée.

Ces deux généraux, également habiles, se battirent avec un acharnement
inconcevable. Mais les Cariens, animés par l'amour de la patrie et par la
crainte de l'esclavage, secondèrent si
bien leur vaillant chef, que les insulaires, vaincus, se virent contraints de
s'enfuir. Memnon protégea leur retraite pendant qu'ils remontaient sur
leurs vaisseaux ; c'est tout ce que son
extrême valeur put faire pour eux.
Bientôt cette armée si effrayante disparut aux yeux des Cariens, qui ren-
trèrent joyeusement dans leur ville,
en rendant mille actions de grâce au
sauveur de leur pays.

Télamon alla lui-même au palais an-
noncer au roi que ses ennemis étaient

repoussés. Le monarque parut sensible à la grandeur du service que le prince venait de lui rendre; il reconnut qu'il lui devait sa couronne. La reine lui fit aussi ses remercîmens; mais un air de contrainte qu'elle ne put dissimuler, laissait assez voir qu'ils n'étaient pas sincères. En effet, jaloux de l'avantage qu'avait le jeune héros sur le roi, son époux; plus jalouse encore de la reconnaissance que le peuple lui témoignait, sa présence lui était importune. Des services d'une certaine importance sont un poids bien pesant pour des cœurs ingrats, de même que les qualités supérieures blessent l'orgueil des petites ames. C'est pourquoi les personnes d'un grand mérite ont toujours plus d'ennemis que les autres. Dès ce jour, la reine de Carie mit tous ses soins à éloigner le prince de ses Etats.

Télamon voulait aussi quitter le royaume, secondant ainsi, sans le savoir, les vœux de la princesse. Honnête et franc, il se déplaisait à cette cour, où tous les vices, prenant le masque des vertus contraires, offraient un hideux mélange d'ambition, d'orgueil, de bassesse, d'avidité, de soif des honneurs, d'inhumanité, de faiblesse, de haine, d'égoïsme, d'envie, de trahison, de mollesse, d'hypocrisie et de vengeance. Une intrigue qui n'eut point de suite le retint à Halicarnasse, au moment où il allait quitter cette ville.

Etant à la chasse, il entra dans une chaumière pour se rafraîchir; Soïès, vieillard respectable, et sa femme Massilia, lui donnèrent du lait et des œufs : c'était tout ce qu'ils possédaient. Ce repas frugal, assaisonné par l'appétit, et accompagné d'une bienveillance naturelle, parut excellent à Télamon; le prince remerciait ses hôtes; il allait partir, quand Anaïtis, petite-fille de Soïès, entra dans la cabane. Agée de quinze à seize ans, Anaï-

tis avait la fraîcheur de la rose du ma-
tin et la simplicité de la colombe ; sa
mise champêtre , qui voilait ses belles
formes, sans en dérober les contours
gracieux , était remarquable par le bon
goût et la bonne tenue. L'air modeste de la bergère ajoutait encore à
sa beauté. Télamon , surpris de voir
au milieu des forêts une personne si
charmante, ne pouvait en détacher
ses yeux ; mais Anaïtis ne s'aperçut
pas de l'impression qu'elle faisait sur
lui : sans embarras, sans même le re-
garder , elle vaqua, comme de coutume, aux affaires de la maison.

Une jeune fille si simple , si innocente , était un être tout-à-fait neuf
pour Télamon, qui n'avait encore vu
que la cour et les camps ; il désira en
faire la conquête. La chasse lui servit
de prétexte pour la voir ; il entrait
alors chez Soïès , pour y prendre quelque rafraîchissement ou pour s'infor-
mer de sa santé. Quelquefois le hasard

le servait à souhait, et il trouvait Anaïtis seule dans la cabane ; alors il voulait profiter de ces courts instans afin de parler de son amour, mais il était embarrassé sur le choix des termes dont il devait se servir pour être entendu de la jeune paysanne. Lorsqu'il lui disait des choses flatteuses sur les agrémens de sa figure, elle ne le comprenait pas : pauvre, sans éducation, vivant dans la solitude, Anaïtis était belle ; mais simple et modeste ; enfin, telle qu'un philosophe célèbre voulait que fût une jeune épouse, quand elle entrait dans la maison de son mari ; elle n'avait rien vu, rien entendu qui pût blesser ses yeux ou ses oreilles.

Une si grande innocence, jointe à tant de graces, enchantait le prince : quelles délices ce serait pour lui s'il pouvait, le premier, faire battre le cœur d'Anaïtis, faire naître ses premiers désirs, enfin lui apprendre à connaître l'amour !..... Tout entier à ce

projet qui souriait à son imagination,
il emprunta, pour se faire écouter, le
langage de sa belle amie, qui était celui de la nature : « Je vous aime, ma
chère Anaïtis, lui dit-il un jour, d'une
voix émue, en lui pressant la main!
m'aimez-vous ? » — Anaïtis lui répondit sur-le-champ et sans rougir : « Oui,
je vous aime beaucoup. » Cet aveu si
naïf fit tressaillir Télamon ; dans son
transport, il allait la serrer dans ses
bras; mais Anaïtis courut rejoindre sa
mère , sans se douter qu'il y avait du
danger pour elle à rester seule avec
son amant.

Sûr d'être aimé, le prince voulut
avoir Anaïtis en sa puissance ; la contrainte qu'il éprouvait dans la cabane
retardait son bonheur. Mais comment
parvenir à ce but sans employer la
violence? Cette question était difficile
à résoudre. Le rôle de séducteur répu-
gnait à la délicatesse du jeune héros; il
eût bien désiré avoir une excuse dans

l'amour qu'il inspirait à la bergère ;
mais cet amour, dont elle ignorait les
plaisirs et les tourmens, était si honnête, si timide ; il ressemblait si fort à
l'amitié, qu'il n'avançait en rien les affaires de l'amant ; Anaïtis était sage
par habitude ; il la voyait toujours la
même, et il ne savait de quelle manière lui déclarer la passion qui le con-
sumait. Il se hasarda d'offrir à la bergère de l'or, des parures ; mais Anaïtis
n'était ni vaine, ni coquette ; elle refusa l'un et l'autre, comme étant inutiles au village. Le prince, par un petit
mouvement d'orgueil, lui fit connaître
son rang ; mais, à sa grande surprise,
cette connaissance n'émut point la
bergère : en l'aimant, elle suivait les
mouvemens de son cœur ; elle ne
voyait en lui qu'un homme aimable ;
peu lui importait qu'il fût ou non
d'une haute naissance.

Cette fille étonnante, si tendre et en
même temps si pure, enflammait Téla-

mon par sa résistance plus encore que par ses charmes. Les obstacles qu'il rencontrait pour la vaincre, le contrariaient au point de troubler son repos ; il songeait sérieusement à mettre fin à ses incertitudes, lorsqu'un incident fit cesser ses poursuites et détruisit ses espérances.

Un grand-prêtre de Jupiter avait sa maison de campagne près du hameau où demeurait Anaïtis ; ce prêtre, nommé Coroèbe, d'une illustre naissance et parent de la reine, était regardé dans le canton comme un homme d'une vertu éminente, et respecté comme tel par tous les habitans. Anaïtis ne manquait jamais de le saluer chaque fois qu'elle le rencontrait ; le pontife, marchant toujours les yeux baissés avec un air de recueillement, semblait à peine l'apercevoir ; cependant il l'avait assez vue pour savoir qu'elle était fraîche et jolie. Ayant appris que Télamon allait souvent à la cabane, il craignit que le beau guerrier ne plût à la bergère. Sans plus ample information, il gagna le prince de vîtesse, et sans s'amuser à faire l'amour, il s'empara de la jeune innocente.

Cependant Télamon, plus amoureux que jamais d'Anaïtis, prit le chemin de la cabane. L'esprit préoccupé de ce qu'il fallait lui dire pour l'engager de répondre à son ardeur, il entra chez le vieillard, mais sa fille n'était pas avec lui. Les yeux fixés sur la porte de la salle, il attendait avec impatience que la bergère se présentât, lorsque Soïès lui dit : « Jeune homme, il s'est passé chez nous un petit événement depuis votre dernière visite : on est venu prendre Anaïtis, par l'ordre d'Apollon, pour l'envoyer à Dodone. Elle doit rester cachée dans le temple des dieux, vivre dans la retraite et l'obscurité, jusqu'au moment qui doit l'élever au rang de grande prêtresse. Le bon Soïès prononça ces derniers mots d'une voix ferme, en levant la tête : il était fier de l'honneur que recevait sa famille dans la personne d'Anaïtis. Sa femme Massilia montrait aussi, par la joie qui éclatait dans tous ses mouvemens, qu'elle regardait cette aventure comme ce qui pouvait lui arriver de plus heureux.

Le prince eut beaucoup de peine à retenir son indignation au récit de cette fable grossière. Mécontent de perdre une jolie maîtresse, et piqué d'être pris pour dupe, son sang qouillonnait dans ses veines. Malgré sa colère, il fut assez bon pour ne point désabuser les deux vieillards; mais il se hâta de sortir de la cabane, afin de dérober à ces bonnes gens l'humeur qui le possédait.

De retour à la ville, il fit faire des recherches si exactes, qu'il parvint à savoir que le pontife Coroèbe, sans parler d'amour à Anaïtis, l'avait d'abord fait enlever, puis conduire dans un de ses châteaux. Pour se venger de ce prêtre hypocrite, Télamon divulgua son intrigue, et se permit sur son compte des railleries piquantes. Ses discours satiriques, encore augmentés et envenimés, parvinrent aux oreilles de la reine qui, ajoutant l'injure faite à Coroèbe à celles dont elle se plaignait, ne regarda plus le prince que comme un impie, un homme pervers, pour lequel on devait avoir une sorte d'horreur.

Tandis que le grand pontife enlevait la maîtresse du prince, les Spartiates, qui saisissaient avec avidité toutes les occasions de nuire à Athènes, envoyèrent offrir cinq cents talens au roi de Carie, s'il voulait joindre ses forces à celles de la république pour faire une descente dans l'Attique. L'ambassadeur ajouta que la campagne ne serait ni longue ni périlleuse dans l'état de détresse où se trouvaient les Athéniens, aterrés par une longue suite de malheurs et privés de leur invincible général.

Tenté par la grandeur de la somme

offerte, Nélée se détermina en faveur de Sparte : il consentit à lui envoyer des vaisseaux et des hommes , bien qu'il fût en paix avec Athènes. Autant pour la gloire de ses armes que pour se débarrasser d'un hôte incommode, le roi de Carie, à l'instigation de sa femme, proposa à Télamon de se mettre à la tête des troupes de débarquement qui allaient partir. Nélée supposait que le jeune héros , victime de l'ingratitude des Athéniens , profiterait avec empressement, pour se venger, de l'occasion qui lui était offerte ; mais le roi jugeait du cœur de Télamon par le sien, et il se trompait beaucoup ; à la première ouverture qu'il lui en fit, le prince lui ôta toute espérance ; il lui dit qu'il ne confondait point la nation avec quelques hommes faibles ou méchans qu'elle recélait dans son sein ; qu'Athènes, même injuste, était toujours sa patrie, objet de son amour et de son orgueil ; qu'il était prêt à courir aux armes pour

la défendre, mais jamais pour l'attaquer. Cette réponse sage et ferme déplut au monarque ; Phasélie en tira de
terribles conséquences, et elle irrita le
roi encore plus contre Télamon ; elle
fit si bien que Nélée, regardant le prince
comme suspect de mauvais desseins, et
comme espion des Grecs, le fit arrêter
et conduire à la tour.

Cette nouvelle injustice fit murmu-
rer le prince contre la fortune ; il ignorait encore qu'une amie véritable est le
plus beau présent que l'inconstante
déesse puisse faire à l'homme. Jusqu'à
cette époque, Eurypont, l'esclave que
Stéphanie lui avait envoyé, s'était conduit avec zèle et dévouement ; mais dans
cette circonstance, il prouva à son
maître, par son intelligence et son
adresse, qu'il valait lui seul un trésor.

Eurypont, enfermé avec le prince, allait et venait pour son service. Pendant
ses courses, il se concerta avec le capitaine d'un vaisseau marchand, qui devait

partir quatre jours après pour une île voi-
sine. Il convinrent ensemble que le capitaine se tiendrait un peu au large, et que
la quatrième nuit, un des siens, avec
un bateau, attendrait Télamon près du
rivage. Eurypont prévint son maître de
ce qu'il avait fait; le prince l'approuva
et lui laissa le soin d'achever son ouvrage. Le soir du quatrième jour, l'esclave rentra dans la tour en contrefai-
sant l'homme ivre : il tenait un sac d'argent qui appartenait à son maître. S'é-
tant assis avec les gardes, il balbutia
quelques mots sans suite; puis, feignant
d'être accablé de sommeil, il s'appuya
contre le mur et s'endormit. Les gardes
le croyant enseveli dans un profond
sommeil, s'emparèrent du sac qu'il portait, et se partagèrent l'argent, en disant qu'Eurypont s'imaginerait l'avoir
perdu; qu'au moins ils le lui feraient
croire.

Se voyant si riches, les soldats firent
venir des viandes et du vin; ensuite ils

se mirent à table avec le geolier et tous ceux qui veillaient à la garde du prince.

Une heure après, Eurypont se réveilla : il chercha son sac avec tous les signes d'inquiétude d'un esclave qui craint d'être châtié pour sa négligence. Enfin il parut se souvenir de son ivresse ; alors il donna des marques de la plus vive douleur..... Les gardes, qui avaient déjà la tête fort échauffée, le regardaient et riaient de sa peine : ils l'engagèrent à venir boire avec eux, Eurypont se fit prier long-temps ; enfin il céda. Lorsqu'il eut bu quelques verres de vin, il oublia la perte qu'il venait de faire, et, reprenant toute sa bonne humeur, il amusa les gardes par des saillies plaisantes, des chansons gaies, et les poussa lui-même à boire, d'une telle sorte, qu'avant l'heure dont le capitaine et lui étaient convenus, soldats et gardiens, tous étaient couchés sous la table et dormaient comme dans leurs lits.

La ruse d'Eurypont ayant eu un plein succès, il vola à l'appartement de son maître ; tous deux sortirent de la tour sans rencontrer d'obstacle, et ils se rendirent au port. Etant montés dans la chaloupe qui les attendait, ils gagnèrent le vaisseau du capitaine, qui, s'éloignant aussitôt, vogua vers l'île de Calymna, où ils arrivèrent avant le jour.

FIN DU PREMIER VOLUME.